Schriften
des
Vereins für Sozialpolitik.

Deutsche Zahlungsbilanz und Stabilisierungsfrage.

Im Auftrage des Vereins
veranstaltet von
Karl Diehl und **Felix Somary.**

168. Band.

Finanzwissenschaftliche Untersuchungen.

Herausgegeben von Walther Lotz.

Erster Teil.
Steuerbelastung und Wiedergutmachung.

Verlag von Duncker & Humblot.
München und Leipzig 1924.

Steuerbelastung und Wiedergutmachung.

Ein Beitrag zur Reparationsfrage.

Von

Wilhelm Gerloff.

Verlag von Duncker & Humblot.
München und Leipzig 1924.

Alle Rechte vorbehalten.

Altenburg, Thür.
Pierersche Hofbuchdruckerei
Stephan Geibel & Co.

Inhaltsverzeichnis.

	Seite
Vorwort	VII
I. Steuerverpflichtung und Reparationsleistung	1

Die Bewertung der Leistungen für Reparationskonto. Die steuerwirtschaftlichen Verpflichtungen aus dem Vertrage von Versailles. Die gleichlautenden Bestimmungen des Vertrages von St. Germain und ihre Anwendung. Der Standpunkt des Dawes-Komitees.

II. Das Steuersystem im Sinne des Art. 233, Anlage II, § 12b. ... 6

Begriff des Steuersystems. Steuerdefinitionen. Klassifikation steuerartiger Einkünfte. Die Inflation als Steuer. Leiturgische Belastungen. Ergebnis.

III. Zur Methodik der Berechnung des Steueraufkommens und der Steuerbelastung ... 17

Die Ermittlung des Steueraufkommens. Geldwert und Steueraufkommen. Belastungswerte. Geldentwertung und Steuerlast. Grundsätzliches über Belastungsvergleiche.

IV. Steuerbelastungsvergleiche ... 24

Die Kopfquoten-Methode. Die symptomatische Methode. Die Tarifmethode. Die Arbeitswertmethode. Die Methode der deutschen Sachverständigen, insbesondere die Indexmethode. Die Methode des Dawes-Komitees. Andere Steuerbelastungsvergleiche. Die exakte oder klassifizierende Methode. Die typologische und die repräsentative Methode.

V. Deutschlands Steuerleistungen ... 45

Steuerlast Österreichs nach der Sanierung im Vergleich zur deutschen Steuerbelastung. Wichtige Steuern des deutschen Steuersystems. Einmalige Steuern. Moderne Leiturgien. Quasisteuern und finanzielle Sonderbelastungen. Die Sicherung des Steuerertrages.

VI. Deutschlands Steuerfähigkeit ... 64

Die Scheinblüte der deutschen Wirtschaft. Steuerkraft und Volkseinkommen. Rückgang der Produktivität. Stand der Konsumtion. Die Handelsbilanz. Die Folgen der Pfänderpolitik. Voraussetzungen großer Steuer- und Reparationsleistungen. Grenzen der Besteuerung.

Literaturverzeichnis ... 78

I. Steuerverpflichtung und Reparationsleistungen.

Unter den Verpflichtungen, die der Friedensvertrag von Versailles, wie eine amerikanische Veröffentlichung es jüngst ausgedrückt hat, „dem deutschen Volke auferlegt hat, praktisch gesprochen ohne eine andere Möglichkeit als die der Unterwerfung", gehört auch die Verpflichtung, ein bestimmtes Maß an Steuern zu zahlen. Die Auslegung, die diese Verpflichtung gefunden hat, und die Leistungen, die auf Grund der bezüglichen Bestimmungen des Friedensvertrages von Deutschland verlangt worden sind, betreffen einen der umstrittensten Punkte der Reparationsfrage. Es steht hier ähnlich wie mit der Frage der Bewertung der deutschen Leistungen für das Reparationskonto. Nach den offiziellen Angaben der Wiedergutmachungskommission hat Deutschland bis zum 30. Dezember 1922 7 940 426 000 Goldmark geleistet. Der französische Nationalökonom Professor Charles Gide schätzt hingegen die finanziellen Leistungen Deutschlands für denselben Zeitraum auf 14 Milliarden Goldmark. John Maynard Keynes kommt zu dem Ergebnis, daß die finanziellen Kosten von Deutschlands Bemühungen, seine Friedensvertragsverpflichtungen zu erfüllen, zwischen dem Zeitpunkt des Waffenstillstandes und dem Zeitpunkt der Ruhrbesetzung eine Milliarde Pfund Sterling überschritten haben. Nach der Veröffentlichung des Instituts of Economics in Washington sind 25,8 Milliarden Goldmark geleistet worden. Und nach den auf den neuesten Stand gebrachten deutschen Berechnungen beträgt die Reparationsleistung bis zum 31. Dezember 1922 41,6 Milliarden Goldmark. Dazu kommen an sonstigen nach den Bestimmungen des Friedensvertrages nicht anrechenbaren Leistungen noch 14,3 Milliarden Goldmark [1].

---

[1] Vgl. Brentano, Was Deutschland gezahlt hat, die bisherigen Leistungen auf Grund des Vertrags von Versailles, Berlin 1923; Moulton & Mac Guire, Germany's Capacity to Pay, herausgegeben vom Institut of Economics in Washington, New York 1923, S. 75; J. M. Keynes, Wieviel hat Deutschland bisher gezahlt? Neue Freie Presse vom 4. Nov. 1923; F. Schröder, Die deutschen Leistungen jeglicher Art nach dem Vertrage von Versailles und ihr Einfluß auf den Haushalt des Reiches, Manchester Guardian Commercial, „Reconstruction in Europe", Nr. VIII vom 28. Sept. 1922.

Diese Ziffern sind für die folgenden Darlegungen nicht unwesentlich; denn sie zeigen immerhin, daß Deutschland für die Wiedergutmachung bisher schon ganz beträchtliche Leistungen aufgebracht hat. Diese Leistungen sind einerseits teilweise mittelbar oder unmittelbar aus Steuern gedeckt worden (die Steuerlasten können also nicht so gering gewesen sein, wie vielfach behauptet wird), anderseits haben sie die Substanz des deutschen Volksvermögens (man denke an die abgelieferte Handelsflotte) so gemindert, daß die Steuerkraft erheblich geschmälert erscheint.

Ähnlich nun wie mit der Bewertung der deutschen Leistungen für Reparationskonto geht es auch mit der Schätzung der deutschen Steuerleistungen. Nach dem Friedensvertrag von Versailles gehört es zwecks finanzwirtschaftlicher Sicherung der Wiedergutmachung zu den Aufgaben des Reparationsausschusses,

„in regelmäßiger Wiederkehr die Zahlungsfähigkeit Deutschlands abzuschätzen und das Steuersystem zu prüfen, 1. damit alle Einkünfte Deutschlands einschließlich der für den Zinsendienst aller inneren Anleihen bestimmten, vorzugsweise zur Abtragung der Wiedergutmachungsschuld verwendet werden, 2. um die Gewißheit zu erlangen, daß das deutsche Steuersystem im allgemeinen im Verhältnis vollkommen ebenso schwer ist wie dasjenige einer der im Ausschuß vertretenen Mächte" (§ 12, Abs. 2b der Anlage II zu Art. 233).

Von dieser letzteren Bestimmung, die sich für Österreich gleichlautend auch im Vertrag von St. Germain (Anlage II, § 12b zu Art. 179) befindet, soll hier die Rede sein. Denn mögen auch die Reparationsschuldner auf die Auslegung dieser wie aller anderen Bestimmungen des Friedensvertrages unmittelbar keinen Einfluß haben, so haben sie doch ein lebhaftes Interesse an der Klarstellung in diesem Falle der Frage: Was soll das heißen, das deutsche bzw. österreichische Steuersystem soll im Verhältnis vollkommen ebenso schwer wie dasjenige irgendeiner der im Ausschuß vertretenen Mächte sein? Und weiter: Wie ist der Nachweis, daß dem so sei oder auch nicht sei, einwandfrei zu erbringen?

Zu der ersten Frage gibt die Antwortnote der Deutschen Friedensdelegation vom 29. Mai 1919 eine Erläuterung [1]. „Der deutsche Steuerzahler", heißt es da, „soll nicht weniger belastet sein als der des höchst

---

[1] Vgl. die Gegenvorschläge der deutschen Regierung zu den Friedensbedingungen. Amtl. Text. Berlin 1919, S. 94 u. S. 58.

belasteten in der Wiedergutmachungskommission vertretenen Staates." In den als Anlage gleichzeitig überreichten „Bemerkungen zu dem Entwurf des Friedensvertrages" wird hinzugefügt, Deutschland nehme den im Artikel 233 § 12b der Anlage II ausgesprochenen Grundsatz, daß das deutsche Steuersystem in seiner Gesamtheit den Steuerzahler nicht weniger belasten solle, als es der Steuerzahler des meistbelasteten in der Kommission für Wiedergutmachungen vertretenen Staates sei, im Vertrauen darauf an, „daß die Ausgestaltung des Steuersystems in jenen Staaten von dem Grundsatz sozialer Gerechtigkeit und den Gesichtspunkten wirtschaftlicher Erträglichkeit ebenso wie in Deutschland bestimmt werden wird. Für das demokratische Deutschland ist es eine Lebensbedingung, daß seine staatlichen Einrichtungen vom sozialen Geiste erfüllt sind."

Jene Bestimmung der Anlage II § 12b zu Art. 233, die von der Schwere des deutschen Steuersystems spricht, ist also in jenen Tagen Ende Mai 1919 immerhin noch zu umschreiben versucht worden, wobei ausdrücklich vorbehalten wurde, daß auch unter dem Diktat von Versailles das deutsche Steuersystem den Grundsätzen sozialer Gerechtigkeit und wirtschaftlicher Erträglichkeit entsprechen solle.

Jene andere Frage aber, die Frage der Vergleichsmöglichkeit, ist in jenen Tagen unerörtert geblieben. Diese Frage zu beantworten wäre zunächst Sache des Reparationsausschusses; denn er soll sich ja Gewißheit verschaffen; aber es wäre doch wohl verfehlt, die Feststellung ihm allein zu überlassen, ganz abgesehen davon, daß von Deutschland auf Grund des Friedensvertrages über die deutschen Steuerleistungen wiederholt Auskünfte verlangt worden sind und weiterhin werden gefordert werden.

Die deutsch-österreichische Friedensdelegation hat angesichts dringlicherer Aufgaben die gleichlautenden Bestimmungen des Friedensvertrages von St. Germain nicht zum Gegenstand ihrer Vorstellungen gemacht. Auch sind von Österreich bisher Auskünfte nicht erteilt oder verlangt worden. Die Genfer Vereinbarungen und das Wiederaufbaugesetz sehen aber eine gewisse Höhe der Sätze aller wesentlichen Steuern vor, die das Steuersystem mit der Sanierung des Budgets erreichen soll. Und der Reformplan der Delegation des Völkerbundes zur Sanierung der österreichischen Staatswirtschaft hat dementsprechend auch die Aufbringung gewisser Kopfquoten an Steuern vorgesehen. Bei deren Festsetzung ist zwar der Art. 179 des Vertrages von St. Germain zweifellos in Erwägung gezogen worden, praktisch aber wurde der einzig mögliche Weg eingeschlagen und das Maß der Steuerbelastung Österreichs allein mit Rücksicht auf die Leistungsfähigkeit seiner Wirtschaft festgesetzt.

Für Österreich ist also infolge der Genfer Vereinbarungen die Frage der Steuerbelastung auf absehbare Zeit der Diskussion entzogen, während sie für Deutschland nach wie vor eine offene Frage ist.

Das eigene Interesse der deutschen Steuerzahler sowie die Verpflichtungen aus dem Friedensvertrage erheischen somit Stellungnahme zu jenem Fragenkreise des § 12 der Anlage II zu Art. 233 des Friedensvertrages; denn die Frage der Steuerbelastung Deutschlands überhaupt und im Vergleich zu den Ententemächten ist eben eine der Grundlagen für alle Erörterungen der Reparationsfrage. In den Konferenzen und Verhandlungen zu Spaa, Brüssel, Paris, London, Cannes, Genua usw. ist diese Frage immer wieder erörtert worden. Sie war der Ausgangspunkt schwerer Anklagen und Beschuldigungen gegen Deutschland, und falsche Behauptungen über die Steuerleistungen Deutschlands waren nicht ohne Einfluß auf die Bemessung der Reparationsleistungen. Auch künftig bei der Frage eines Zahlungsaufschubes oder der Festsetzung der Jahresleistungen usw. wird zweifelsohne die Steuerbelastung Deutschlands wiederum zur Erörterung kommen.

Das zeigt auch der bisher weitaus wichtigste Beitrag zur Lösung der Reparationsfrage: der Bericht der internationalen Sachverständigen des Dawes = Komitees[1]. Nichts ist vielleicht bezeichnender dafür, wie sehr die Frage der Steuerbelastung das ganze Reparationsproblem in allen seinen Voraussetzungen und Schlußfolgerungen beherrscht als die Tatsache, daß der Obmann des Komitees selbst, Charles G. Dawes, in seinem an den Präsidenten der Reparationskommission gerichteten Begleitschreiben des Gutachtens als ersten materiellen Punkt, auf den das Gutachten sich stützt, ausführt: „Da infolge des Krieges die Gläubiger Deutschlands bis zur Grenze ihrer Leistungsfähigkeit Steuern zahlen, so muß auch Deutschland von Jahr zu Jahr bis zur Grenze seiner Leistungsfähigkeit Steuern zahlen. Es steht dies im Einklang mit dem gerechten und fundamentalen von Deutschland in seiner Note vom 29. Mai 1919 anerkannten Grundsatz, daß das deutsche Steuersystem sein müsse, 'fully as heavy proportionately as

---

[1] Eine amtliche deutsche Ausgabe liegt zurzeit noch nicht vor. Für diese Abhandlung wurden der englische und der französische Text benutzt.

that of any of the Powers represented on the Commission'. Mehr als diese Grenze bezeichnet, kann nicht erwartet werden, und weniger als dieses würde Deutschland von den allgemeinen Bürden befreien und ihm einen ungerechten Vorsprung im industriellen Wettbewerb der Zukunft geben. Der Plan der Sachverständigen ist auf diesem Grundsatz aufgebaut."

In der Tat, der Sachverständigenplan v e r k ö r p e r t (embodies, wie der englische Text sagt) diesen Plan. Immer wieder kommen in dem Gutachten die beiden Leitmotive zum Ausdruck: Die steuerliche Belastung Deutschlands bis zur Grenze seiner Leistungsfähigkeit ist g e r e c h t, und sie ist zugleich n o t w e n d i g zur Beschränkung des industriellen Wettbewerbs Deutschlands. So erklärt denn auch das Gutachten des ersten Komitees der Sachverständigen (1. Teil VIII b): Der Grundsatz der Gleichmäßigkeit der Steuerlasten (équivalence des charges fiscales — commensurate taxation) in Deutschland und den andern Ländern vertrage als schlichte Forderung der Gerechtigkeit (as a simple principle of justice) keinerlei Erörterung. Solle dieser Grundsatz eine gewisse Einschränkung erfahren, so könne das nur aus praktischen Rücksichten oder aus Zweckmäßigkeitsgründen, die im allgemeinen wirtschaftlichen Interesse oder im Interesse der Alliierten selbst lägen, geschehen.

„Es ist in der Tat augenfällig," heißt es dann weiter, „daß dieses Prinzip moralisch einwandfrei ist. Es würde offensichtlich jedem natürlichen Gerechtigkeitsgefühl widerstreiten, wenn die Steuerpflichtigen der Länder, in denen große und wichtige Landesteile durch den Krieg verwüstet worden sind, die Last der Wiederherstellung tragen sollen, während der deutsche Steuerzahler, auf dessen Gebiet der Krieg keine entsprechende Verwüstung hervorgerufen hat, mit einer leichteren Last davonkommt. Gleichzeitig ist das Prinzip wirtschaftlich gerecht; denn es ist offensichtlich unangemessen und nach keiner Richtung wünschenswert, daß etwa der alliierte Steuerzahler dadurch benachteiligt wird, daß die aus dem Kriege herrührenden Steuern ihn als Konsumenten schwerer belasten, oder daß er in seinem geschäftlichen Wettbewerb durch größere Lasten an Produktionskosten — die Löhne eingeschlossen — gehemmt wird als sein deutscher Konkurrent."

Wie die Sachverständigen den Grundsatz der Gleichmäßigkeit der Besteuerung bei der Festsetzung der jährlichen Belastung Deutschlands angewendet sehen wollen, wird zum Schluß des Abschnitts VIII aus=

geführt: „Wir haben sowohl die Bedeutung der Tatsache, daß Deutschlands innere Schuld so gut wie getilgt ist, als auch die allgemeine Last der Besteuerung in den alliierten Ländern berücksichtigt. Es sind, wie wir eingehender in Teil II auseinandersetzen, viele theoretische und praktische Schwierigkeiten vorhanden, aber wir haben nichtsdestoweniger unser möglichstes dafür getan, daß unsere Vorschläge die **Gleichmäßigkeit der Belastung** in der gerechtesten Auslegung und Anwendung dieses Prinzips mit sich bringen. Wir sind davon überzeugt, daß unsere Vorschläge Deutschland keine unverhältnismäßig schwere Last auferlegen; wir sind gleicherweise davon überzeugt, daß wir das Prinzip, soweit es möglich ist, nicht weniger im Interesse der Alliierten als im Interesse Deutschlands angewendet haben."

Die weiteren an verschiedenen Stellen des Gutachtens verstreuten Ausführungen der Sachverständigen zur Kritik der bisherigen deutschen Steuerlasten und zur Verwirklichung der Forderung der verhältnismäßigen Steuerbelastung im Sinne vorstehender Darlegungen werden weiterhin an passender Stelle einer kritischen Prüfung zu unterziehen sein.

II. „Das Steuersystem" im Sinne des Art. 233, Anlage II § 12 b.

Es gilt zunächst die grundsätzliche Frage zu klären: Was heißt das, wenn in den Friedensverträgen verlangt wird, daß das deutsche bzw. österreichische Steuersystem im allgemeinen im Verhältnis ebenso schwer sein soll wie dasjenige irgendeiner der im Ausschuß vertretenen Mächte?

Unter Steuersystem versteht man die Gesamtheit der Steuerarten, die eine öffentliche Wirtschaft zur Deckung ihres Steuerbedarfes in Anspruch nimmt. Daß auch in den Friedensverträgen die Bezeichnung Steuersystem in diesem Sinne gemeint ist, dürfte keinem Zweifel unterliegen. Die Gesamtheit der Steuern soll sonach in Deutschland und in Österreich ebenso schwer sein wie die Gesamtheit der Steuern irgendeiner der im Wiedergutmachungsausschuß vertretenen Mächte. Ein Steuersystem kann sehr schwer sein und doch keine erheblichen Erträge bringen, sei es, weil die Steuern schlecht gewählt sind, sei es, weil die Technik mangelhaft oder die Erhebungskosten groß sind, usw. Das aber ist hier offenbar nicht gemeint. Nach den Erörterungen, die bisher über diese Frage zwischen Deutschland und den Reparationsgläubigern geführt worden sind, handelt es sich um die Höhe der Steuersätze und die Größe der Steuererträge, vornehmlich natürlich um letztere; denn das ist der Sinn des Art. 233, der die Reparationsleistungen sicherstellen will.

Das führt zu der weiteren Frage: Welche von den öffentlichen Einkünften sind als Steuern (die dann in ihrer Gesamtheit das Steuersystem bilden) anzusehen? Die verantwortlichen Redakteure des Friedensvertrages haben sich über diese Frage offenbar keine Gedanken gemacht. Vielleicht haben sie auch geglaubt, daß jedermann weiß, was unter Steuern zu verstehen sei, oder daß im Zweifelsfalle die Finanzwissenschaft einwandfrei Auskunft geben könne. Es seien deshalb zunächst einige Definitionen des Steuerbegriffes angeführt, und zwar mit Absicht solche angesehener französischer Autoren.

G. Jèze definiert: „En résumé, l'impôt, dans les Etats civilisés modernes, est une prestation de valeurs pécuniaires, exigée des individus d'après des règles fixes, en vue de couvrir des dépenses d'intérêt général et uniquement à raison du fait que les individus qui doivent les payer sont membres d'une communauté politique organisée."

G. Jèze erwähnt außerdem die Definition von Stourm, Systèmes généraux d'impôts, p. 23: „L'impôt est un prélèvement opéré sur les facultés individuelles des contribuables pour subvenir aux besoins des services publics." [1]

Edgar Allix gibt in Anlehnung an Cauwès folgende Begriffsbestimmung: „L'impôt est le prélèvement que la Souveraineté exige de l'individu, en vertu du principe de la solidarité nationale, pour subvenir aux dépenses d'intérêt général et aux autres charges résultant des dettes de l'Etat." [2]

Diese wenigen Beispiele mögen genügen. Sehen wir uns hiernach die hauptsächlichen öffentlichen Einkünfte an. Die öffentliche Finanzwirtschaft entnimmt die zur Erfüllung ihrer Aufgaben benötigten Mittel entweder dem Einkommen und Vermögen ihrer eigenen Wirtschaft oder dem Einkommen und Vermögen anderer Wirtschaften, die ihrer Zwangs-

---

[1] Gaston Jèze, Cours élémentaire de science des finances et de législation financière française, Paris 1912, p. 737.

[2] E. Allix, Traité élémentaire de science des finances et de législation financière française, Paris 1909, p. 298. Für weitere Steuerdefinitionen sei auf die Sammlung von Begriffsbestimmungen bei Jones, The nature and first principle of taxation, p. 248ff., und auf den Artikel „Steuer" im Handwörterbuch der Staatswissenschaften verwiesen.

gewalt unterworfen sind. Die einen Einnahmen sind im wesentlichen die Reinerträge der großen Staats- und Gemeindebetriebe: Domänen, Forsten, Bergwerke, Gas- und Elektrizitätswerke, Post, Eisenbahnen usw.; die anderen im Wege der Zwangsentnahme für Zwecke der öffentlichen Finanzwirtschaft aus anderen Wirtschaften gewonnenen Einnahmen sind Abgaben oder Steuern i. w. S.

Gleichviel aus welchen Quellen nun das öffentliche Einkommen gewonnen wird, ob aus dem Ertrage öffentlicher Unternehmungen usw. oder aus Steuern, auf beiden Wegen wird das gleiche Ziel verfolgt: einen Teil des Volkseinkommens für öffentliche Zwecke in Anspruch zu nehmen. Für die Gesamtbelastung der Volkswirtschaft durch den öffentlichen Bedarf ist es gleichgültig, ob dieser Bedarf durch eigentliche Steuern oder durch irgendein anderes Finanzsystem aufgebracht wird. Für das Jahr 1906 hat Plenge berechnet, daß auf den Kopf der Bevölkerung entfielen (an staatlicher, nicht auch an kommunaler Belastung)[1].

in	auf Steuern	auf Reinerträge der Staatsbetriebe	Gesamtbelastung
	Mk.	Mk.	Mk.
Deutschland	34,20	16,75	50,95
Frankreich	62,61	2,10	64,71
England	59,38	3,54	62,92

Die Deckung des öffentlichen Bedarfes statt durch reine Steuern (pure taxes) aus dem Ertrag staatlicher Unternehmungen wirkt in vielen Fällen steuerartig auf die privaten Wirtschaften. Das zeigen am besten die großen Finanzmonopole (Tabak, Branntwein), die finanzwissenschaftlich fast ausnahmslos als Erhebungsformen von Steuern angesehen werden[2].

---

[1] Plenge, Die Finanzen der Großmächte, Zeitschr. f. Ges. Staatsw. 1908, S. 769.

[2] Freilich wird auch die entgegengesetzte Auffassung vertreten. Ein so angesehener Volkswirt wie der Direktor des eidgenössischen Alkoholmonopols, E. W. Milliet, rechnet die Erträgnisse des Salz- und Alkoholmonopols nicht den Steuern zu. Vgl. Steuerverteilung und Steuerbelastung in der Schweiz vor Ausbruch des Weltkrieges, Zeitschr. f. Schweiz. Statistik 1919, S. 21. Monopolgewinne, auch solche der Finanzmonopole, sieht Milliet nicht als Steuern an. Das zeigt so recht, wie notwendig die Klärung der Frage ist, was unter Steuern und Steuersystem zu verstehen sei; denn hiernach müßten also bei einer Vergleichung der Steuerbelastung Deutschlands und Frankreichs auf beiden Seiten die Erträgnisse der Monopole ausgeschieden werden.

Werden die Überschüsse des Tabakmonopols als Steuererträge angesehen, so kann man aber wohl auch fragen, ob nicht Überschüsse der Eisenbahnbetriebe, der Gaswerke usw. wenigstens unter Umständen, d. h., bei entsprechender Preisgestaltung, steuerartigen Charakter haben oder gar als Steuererträge anzusehen sind. Die englische finanzwissenschaftliche Literatur ist überwiegend geneigt, diese Frage zu bejahen. So hat sich in dem englischen Blaubuch C. 9528, 1899, betitelt „Memoranda, chiefly relating to the Classification and Incidence of Imperial and Local Taxes", eine Anzahl angesehener finanzwissenschaftlicher Gelehrter zu der Frage geäußert: „Should such an item as the net revenue of the Post Office be treated as a tax?" Die Antworten der Gutachter, darunter Finanzwissenschaftler von Rang, wie Sir R. Giffen und die Professoren Sidgwick, Marshall, Bastable, lauten durchweg dahin, daß the Excess of revenue of the Post Office over expenditure eine Steuer sei (Giffen, p. 95) oder daß zum mindesten the surplus is a kind of taxation. Professor Edgeworth verweist in seiner Antwort auf Bastables finanzwissenschaftliches Lehrbuch (Public Finance II, 1, § 4), wo es heißt: „where ordinary profit is exceeded, the monopoly possessed by the public office is employed for taxation"!

Die deutsche Finanzwissenschaft steht auf einem anderen Standpunkt. Ad. Wagner meint in einem Gutachten, das gerade die Frage des Vergleichs der Steuerbelastung der Bevölkerung verschiedener Staaten betrifft, die Reinerträgnisse der Betriebsverwaltungen und auch des verpachteten Staatseigentums, z. B. der Domänen, seien ihrem ökonomischen Charakter nach nicht den Steuern gleichzusetzen, wie es sozialistischerseits und auch von freihändlerischer Seite geschehe[1]. In seiner Finanzwissenschaft gibt er freilich zu, daß die Beförderungssätze im Verkehrswesen, z. B. bei der Post, geschichtlich öfters zu Steuern geworden seien[2].

Diese Auffassung ist gewiß zutreffend: die Reinerträgnisse der Betriebsverwaltungen usw. sind in der Regel Steuern im eigentlichen Sinne (pure taxes) nicht; aber die Preisbemessung für die Leistungen solcher staatlichen oder kommunalen Betriebe, insbesondere der soge-

---

[1] „Zur Kritik der Berechnungen über die finanziellen, namentlich die Steuerbelastungen der Bevölkerungen sowie über die Vergleichungen zwischen den bezüglichen Daten in den verschiedenen Staaten." Verhandlg. des Reichstags, Bd. 250, Berlin 1909, Anl. z. Aktenstück Nr. 1043.

[2] Finanzwissenschaft II, 2. Aufl. 1890, S. 127/28; Bd. III S. 114 ff.

nannten öffentlichen Unternehmungen, wie Verkehrsanstalten u. dgl., kann so erfolgen, daß in den Preisen eine Steuer enthalten ist. Die Finanzgeschichte kennt zahlreiche Beispiele für die fiskalische Behandlung von Post und Eisenbahnen, auch Land- und Wasserstraßen usw. So sind in den Finanznöten der napoleonischen Kriege die Posttarife aus fiskalischen Gründen (wie Aufwandsteuern!) in England, Frankreich und Österreich wiederholt erhöht worden. Auch während des Weltkrieges und besonders nachher sind die Preise der monopolistischen staatlichen und kommunalen Unternehmungen vielfach steuerartig gestaltet worden.

Die Belastung der Bevölkerung durch eine solche Preis- und Steuerpolitik ist bei der erheblichen Ausdehnung, die der sogenannte Munizipalsozialismus in Deutschland gefunden hat, nicht unerheblich. So betrugen z. B. die Einnahmen aus Betriebsüberschüssen in Frankfurt a. M. im Jahre 1914 rund 4 Millionen Mk. gegen 27 Millionen Mk. an reinen Steuereinnahmen; für 1924 sind letztere mit 30 Millionen Goldmark veranschlagt, die Betriebsüberschüsse hingegen mit 6,5 Millionen Mk.

Allein auch wenn eine fiskalische Preispolitik der öffentlichen Unternehmungen nicht nachweisbar ist, so müssen die Reinerträgnisse der Betriebsverwaltungen doch als eine finanzielle Belastung der Bevölkerung des bezüglichen Staates angesehen werden. Denn was Staat und Gemeinden an Reinerträgen erwirtschaften, also dem Volkseinkommen unmittelbar entnehmen, ist eine Schmälerung des Einkommens der Bevölkerung, die in diesem Falle natürlich weniger steuerkräftig ist, als wenn ihr diese Reinerträge erst in Form von Dividenden, Tantiemen, großen Direktorengehältern usw. zuflößen.

Auch die Sachverständigen des Dawes-Komitees haben sich offenbar die Frage vorgelegt, ob Einnahmen der hier in Rede stehenden Art als Steuerlasten anzusehen sind. Der Bericht des ersten Komitees (2. Teil II a) hat sich jedoch der Entscheidung dieser Frage mit einer Ausflucht entzogen. Es heißt da: „In der obigen Erörterung (d. i. über die Berechnung der Gesamtsteuerbelastung des deutschen Volkes) haben wir die Frage der Gewinne aus den Eisenbahnen außer acht gelassen. Angesichts der Tatsache, daß die Eisenbahnen in andern Ländern keine Gewinne für den Staatshaushalt abwerfen, kann die Frage, ob Gewinne aus dem Eisenbahnbetriebe eine Belastung im steuerlichen Sinne (in the sense of a tax) bedeuten, nicht aufgeworfen werden. Diese Gewinne bilden in andern Ländern einen Teil der ordnungsmäßigen Gewinne von Privatunternehmungen, die Privatpersonen zufließen, und man kann daher sagen, daß die Lage des Steuerzahlers in Deutschland die gleiche ist, ob nun solche Gewinne an Privatpersonen oder an die Alliierten als Reparationsleistung gehen."

Diese Schlußfolgerung ist nun zum mindesten in dieser Allgemeinheit ganz unzutreffend. Das bedarf nach den obigen Darlegungen kaum noch der besonderen Beweisführung. Ob der deutsche Steuerzahler durch die Preispolitik der zugunsten des Reichs oder der Alliierten betriebenen Reichseisenbahnen höher belastet wird als vergleichsweise Franzosen und Engländer, deren Eisenbahnen durch Privatgesellschaften und zu deren Gunsten betrieben werden, und ob der Deutsche deshalb dadurch belastet ist dans le sens d'un impôt, ist einfach eine Frage der Tarifsätze und der Monopolstellung der betreffenden Eisenbahnen. Der Unterschied zwischen dem deutschen System und demjenigen der Alliierten besteht darin, daß in den Ländern des Privateisenbahnsystems eine gewisse Konkurrenz der verschiedenen Gesellschaften und ein besonders seit dem Kriege weitgehendes Aufsichtsrecht des Staates die Überspannung der Beförderungssätze und die Ausbeutung des Publikums verhindert. Das Staatsbahnsystem kann — immer vom Standpunkt der Belastung der Benutzer und Steuerzahler gesehen — sowohl günstiger als auch ungünstiger, es kann aber auch weder besser noch schlechter als das Privatbahnsystem sein. Es kommt eben ganz auf die Eisenbahnpolitik an, die gemacht wird. In Zeiten finanzieller Not besteht offensichtlich die Gefahr, daß die Eisenbahnen wie auch andere öffentlichen Unternehmungen zu einer Steuerquelle gemacht werden. Das tatsächliche und rechtliche Monopol (vielleicht sogar mit Benutzungszwang!) wird dann zu einer steuerlichen Belastung der ganzen Volkswirtschaft. Das scheint auch in Deutschland bereits der Fall zu sein bei Eisenbahntarifen, die um 50 v. H. höher sind als die Vorkriegssätze.

Das Sondergutachten der Eisenbahnsachverständigen gibt in Anlage 3 die deutschen Tarifsätze des Personenverkehrs für die vier Fahrklassen richtig mit 9 Pf., 6 Pf., 4,5 und 3 Pf. an und bemerkt dazu: „Wir können uns kaum denken, daß die Fahrpreise für des deutsche Publikum eine ungewöhnlich hohe Belastung sind, wenn wir erwägen, daß die deutschen Fahrpreise III. Klasse für den Kilometer immer noch nur die Hälfte des entsprechenden Fahrpreises in England oder den Vereinigten Staaten betragen." An anderer Stelle aber wird anscheinend darüber hinausgehend verlangt, daß die Tarife „auf eine angemessene Höhe gebracht werden".

Von der Belastung der Wirtschaft durch die Eisenbahnen, die nach dem Vorschlag der Sachverständigen künftig eine Milliarde Reinertrag bringen sollen, kann aber doch nur gelten, was auch von der Steuerbelastung gilt, daß sie **verhältnismäßig** ebenso schwer sein soll als die entsprechende Belastung in anderen Ländern. Das aber ist sie, wie sich aus dem Bericht der Eisenbahnsachverständigen zeigen läßt, heute schon. Dieser führt nämlich aus, daß die Löhne des Eisenbahnpersonals (und wir können hinzufügen, entsprechend auch das Einkommen anderer Berufe) in England und den Vereinigten Staaten ungefähr doppelt so hoch wie vor dem Kriege seien, in Deutschland hingegen betrügen sie gegenwärtig nur 75% und im laufenden Jahre ungefähr 93% der Vorkriegssätze. Eine Steigerung so über den Vorkriegsstand, wie es in den beiden erwähnten Ländern geschehen ist, sei nicht zu erwarten, da auch die deutschen Löhne in den anderen Berufen nicht gestiegen seien!

Ist es hiernach also „moralisch" oder „wirtschaftlich" gerechtfertigt, denn das sind ja die beiden Gründe, auf die sich die Sachverständigen immer berufen, bei einer solchen Verschiedenheit der Einkommensverhältnisse in den genannten Ländern ohne weiteres die Tarife miteinander zu vergleichen und daraus Schlüsse für die finanzielle Belastung zu ziehen? Warum stellt man nicht die französischen, belgischen oder italienischen Tarife den deutschen gegenüber oder zieht meinetwegen auch die tschechischen oder österreichischen usw. zum Vergleich heran? Weil ein Vergleich zeigen würde, daß Deutschland mindestens ebenso hohe, vielfach sogar erheblich höhere Tarife als diese Länder aufweist.

An dieser Stelle ist noch auf einen Irrtum aufmerksam zu machen. Man ist geneigt und so offenbar auch die Gutachter des Dawes-Komitees, die Frage, ob durch öffentliche Unternehmungen eine Steuerbelastung bewirkt werde, erst dann zu stellen, wenn diese Unternehmungen Betriebsüberschüsse als Gewinne aufweisen. Das ist unrichtig; eine steuerliche Belastung kann auch vorliegen, wenn das Unternehmen gar keinen Gewinn abwirft, ja sogar wenn es mit Verlust arbeitet. Dann nämlich, wenn dieses Unternehmen aus irgendwelchen politischen (sozial-, wirtschaftspolitischen oder andern) Gründen mit größeren Unkosten belastet ist als der private Betrieb. Das trifft auf die Reichseisenbahnen zu. Aus Gründen, deren Berechtigung hier nicht zu untersuchen ist (Wiederaufbau, Demobilisierungsmaßnahmen, Arbeitslosenversorgung usw.), hat die deutsche Eisenbahnverwaltung einen unverhältnismäßigen Personal= und Kapitalaufwand getrieben, dessen Kosten aus den Betriebserträgen nicht gedeckt werden konnten. Das schließt aber nicht aus, daß die Tarife höher sind, als sie bei einem ordnungsmäßigen privatwirtschaftlichen Betriebe sein würden, daß sie also Steuerelemente enthalten. Und wenn das Gutachten der Sachverständigen sagt, daß die deutschen Eisenbahnen unter geeigneter Leitung bei einheitlicher Kontrolle und bei geeigneter Tarifpolitik ohne Schwierigkeit ein ihrem jetzigen Kapitalwert angemessenes Einkommen erbringen könnten, ohne daß diese Besserung des Ertrages durch Erhöhung der Fahrpreise und der Frachten auf Kosten des deutschen Volkes zu gehen brauche, so bleibt immer noch die Frage offen, ob bei Beibehaltung der bisherigen hohen Tarife hier nicht schon eine steuerliche Belastung vorliegt, welche die Länder des Privatbahnsystems nicht aufweisen. Also nicht ob und in welcher Höhe eine öffentliche Unternehmung Reinerträge abwirft, ist entscheidend dafür, ob solche monopolistischen Unternehmungen eine Art Steuerbelastung darstellen, sondern darüber läßt sich nur aus dem Gesamtbetrieb im Vergleich zu den Ergebnissen von Privatbetrieben ähnlicher Art ein Urteil gewinnen.

Dieser Fragestellung weicht das „Gutachten" aus oder richtiger, es hat sie wohl gar nicht erkannt. Für seine Stellungnahme ist bezeichnend, daß, nachdem wie oben angeführt, es zunächst behauptet, die Frage, ob Betriebsgewinne eine Belastung in steuerlichem Sinne seien, könne nicht aufgeworfen werden, dann doch erklärt wird: „Die Gewinne aus den deutschen Eisenbahnen könnten zur Erleichterung der Steuerlast dienen, wenn sie nicht für die Reparationen verwendet würden." Und weiter heißt es dann: „Wenn ferner die Gewinne eines so belangreichen Unternehmens eines Landes, wie die Eisenbahnen es sind, diesem Lande entzogen werden, statt sie dem Lande zum Genusse durch die Einzelindividuen oder die Gesamtheit der Bewohner zu belassen, so kann man kaum sagen, daß dies keine ‚Belastung' in internationalem Sinne bedeute, selbst wenn dieselbe nicht einen Teil der persönlichen, gleichmäßigen Steuerbelastung darstellt."

Man mache sich nur einmal klar, was in den hier und oben zitierten Worten nacheinander behauptet wird. 1. Die Frage der steuerlichen Belastung durch Eisenbahngewinne könne nicht aufgeworfen werden. 2. Die Lage des Steuerzahlers in Deutschland sei die gleiche, ob nun solche Gewinne an Privatpersonen oder an die Alliierten gehen. 3. Die Gewinne könnten, wenn sie nicht für Reparationen verwandt würden, zur Erleichterung der Steuerlast dienen. 4. Man könne kaum sagen, daß die Gewinne eines so belangreichen Unternehmens wie die Eisenbahnen **keine** Belastung im internationalen Sinne seien.

Das sind offenbar Widersprüche, die nur mühsam mit einem Einerseits und Andererseits zu überdecken versucht werden. Das Gutachten hinterläßt an dieser wie an andern Stellen den deutlichen Eindruck, daß es verschiedene Meinungen vorträgt, die nachträglich und auch dann nur ganz äußerlich als eine einheitliche Meinung aufgemacht worden sind.

Ein Vergleich der finanziellen Belastung der Bevölkerung verschiedener Staaten wird sich also nicht auf die eigentlichen Steuern beschränken dürfen, sondern es muß auch gezeigt werden, was die zu vergleichenden Volkswirtschaften an sonstigen Lasten für die öffentliche Wirtschaft zu tragen haben. Nur einige Punkte können hier herausgegriffen werden.

In primitiven Wirtschaftsverhältnissen, in Zeiten katastrophaler Notlage oder ochlokratischer Zustände, aber auch unter plutokratischer und cäsaristischer Herrschaft haben neben der Besteuerung (namentlich in unterjochten Gebieten) immer noch andere finanzpolitische Mittel der Einnahmebeschaffung dienen müssen. In der Regel sind solche ungewöhnlichen finanzpolitischen Mittel Symptome der Not oder der Gewalt, und ihre Inanspruchnahme bedeutet Erpressung und Ausbeutung. Auch die deutsche Volkswirtschaft ist nach dem Kriege das Opfer solcher Finanzmethoden geworden, die zwar keine Besteuerung im eigentlichen Sinne sind, in ihrer Wirkung jedoch eine viel härtere Belastung darstellen, als es Steuern sind. Die deutsche Finanzpolitik hat, schon gezwungen durch den Vertrag von Versailles (wie noch zu zeigen sein wird), und weiterhin vor allem durch die wirtschaftlichen Folgen der Ruhrbesetzung, sich zu einer Reihe solcher harten, außergewöhnlichen Maßnahmen gezwungen gesehen. Darüber hinaus sind in den besetzten Gebieten seitens der am Ruhreinbruch beteiligten Okkupationsmächte finanzielle Zwangsmaßregeln verwerflichster Art ergriffen worden, die allen in der zivilisierten Welt geltenden politischen, sittlichen und rechtlichen Anschauungen widersprechen.

Die öffentliche Wirtschaft kann ihren Bedarf immer nur decken entweder aus dem Ertrag eigenwirtschaftlicher Tätigkeit oder aus den Erträgen fremder Wirtschaften. Vermag sie sich diese letzteren nicht im

Wege der Besteuerung anzueignen, so schlägt sie andere Wege ein, so wie derjenige, der sich nicht durch ehrlichen Erwerb ernähren will oder kann, auf den Weg des Betrugs, Diebstahls, Raubs usw. gedrängt wird. Einer dieser Wege, der mit Rücksicht auf die Finanzpolitik fast aller am Weltkriege beteiligten Staaten besonderer Erwähnung bedarf, ist die Zwangsentnahme von Gütern und Dienstleistungen aus fremden Wirtschaften gegen Aufdrängung von stoffwertlosen Zahlungsmitteln: die Papiergeldausgabe, die Inflation.

Eine Autorität, wie J. M. Keynes es ist, hat seit längerem nachdrücklich darauf hingewiesen, daß die Inflation eine Form der Besteuerung sei[1]. Er nimmt in roher Schätzung an, daß für eine Zeitlang die deutsche Regierung aus dieser Quelle zwischen 75 und 100 Millionen Pfund jährlich erhalten habe. Es ist ja in der Tat unbedingt richtig, daß die Einnahmen, die ein Staat sich durch Ausgabe von Zwangspapiergeld verschafft, genau so den privaten Wirtschaften entnommen werden, als ob die Zwangsentnahme auf dem Wege der herkömmlichen Besteuerung erfolgen würde. „Was die Regierung ausgibt," sagt Keynes, „wird von der Bevölkerung bezahlt." „Aber manchen Ländern ist es anscheinend möglich, das Publikum auf eine angenehme Weise wenigstens für eine gewisse Zeit damit zufriedenzustellen, daß man ihm für die Steuern, die es zahlt, kunstvoll gestochene Empfangsbestätigungen auf einem mit Wasserzeichen versehenen Papier gibt. Die Empfangsbestätigungen der Einkommensteuer, die wir in England vom Steuererheber bekommen, pflegen wir in den Papierkorb zu werfen; in Deutschland nennt man sie Banknoten und hält sie in den Geldtaschen; in Frankreich werden sie Renten genannt und im Geldschrank verschlossen." Das ist ein wenig übertrieben ausgedrückt, aber die Richtigkeit des zugrunde liegenden Gedankens wird nicht zu leugnen sein.

Die Papiergeldausgabe ist eine versteckte Steuerbelastung. Es gibt noch manche andere versteckte Steuerbelastungen; einige davon gehören zu den beliebtesten Mitteln merkantilistischer oder neomerkantilistischer Wirtschaftspolitik. Hier, wo es sich nur um die Problemstellung handelt,

---

[1] Vgl. den Artikel The inflation of currency as a method of taxation, Manchester Guardian Commercial „Reconstruction in Europe", Nr. 5 vom 27. Juli 1922. Auch in seinem neuen Buch A tract on monetary reform, London 1923, zeigt Keynes in einem eigenen Kapitel, daß die Inflation eine Steuer, d. h. die zwangsweise Überleitung von Kaufkraft aus der privaten Wirtschaft auf den Staat, sei. Von diesem Buch erschien soeben eine deutsche Ausgabe „Ein Traktat über Währungsreform" 1924; vgl. dort S. 42 ff.

mag es genügen, darauf hinzuweisen und nur die Frage aufzuwerfen, ob nicht auch die durch Zölle bewirkte Preissteigerung der inländischen Erzeugnisse als eine „Steuerbelastung" zu bezeichnen ist.

Neben der Papiergeldausgabe aber gehört zu den großen finanziellen Zwangsmitteln die **leiturgische Belastung**. Sie besteht darin, daß finanzwirtschaftliche Verpflichtungen an bestimmt abgegrenzte Kreise (Stände, Klassen, Gruppen, Berufs- oder Interessenverbände) gebunden sind derart, daß diesen die Aufbringung eines gewissen Finanzbedarfes oder die Erfüllung gewisser sie finanziell belastender Leistungen obliegt. Hat man die Leiturgien der Antike als den Totengräber des bürgerlichen Wohlstandes bezeichnet (Wilcken) oder als einen „Wahnsinn, der selbst für reiche Monarchien kaum erträglich gewesen wäre" (Livius), so gilt das nicht minder von unserem modernen Leiturgiesystem.

Leiturgisch belastet worden sind in Deutschland nach dem Kriege alle öffentlichen Gläubiger (die Staats- und Kommunalgläubiger, die Forderungsberechtigten aus den Friedensverträgen und anderen Verträgen, auch aus Anstellungsverträgen usw.), deren Ansprüche das Reich und die Länder einseitig gekürzt oder ganz aufgehoben haben. Leiturgisch belastet wurden weiter Hausbesitz, Landwirtschaft, Handel und Industrie. In den besetzten Gebieten wurden außerdem Bergbau und Industrie, Haus- und Grundbesitz durch alle die gewaltsamen Aneignungen der Okkupationsmächte leiturgisch belastet, für die Reich, Länder und Gemeinden nur selten in der Lage sind, Entschädigungen (und niemals ausreichende) zu gewähren. Nur ausnahmsweise haben diese Leiturgien die Form von Zwangsverträgen (Micumverträge). Über alles dies wird weiterhin noch zu reden sein. Hier galt es nur darauf hinzuweisen, daß diese Lasten bei der Frage nach der Steuerbelastung nicht übersehen werden dürfen.

Als Ergebnis ist festzustellen: Was qualitativ als „Steuer" anzusehen und demgemäß dem Steuersystem eines Landes zuzurechnen ist, das ist eine sehr umstrittene Frage, und selbst wenn diese Frage in dem einen oder anderen Sinne entschieden wird, so ist damit noch keineswegs die quantitative Bestimmung des Steueranteils der öffentlichen Einkünfte ermöglicht. Ganz richtig sagt Jones: „Although it is possible to distinguish between what is taxation and what is not, it is impossible to say how much of the revenue of the British Government, or of the London County Council, represents a real tax."[1] Wenn das richtig ist, und die ausführlichen Darlegungen bei Jones (und ähnlich bei deutschen und französischen finanzwissenschaftlichen Autoren), auf die hier verwiesen werden muß, werden sich kaum widerlegen lassen, so wird man von vornherein der ganzen Frage eines Vergleiches der Steuerbelastung Deutschlands mit derjenigen Englands oder Frankreichs, wie sie gestützt auf die erwähnte Bestimmung des Friedensvertrages wiederholt versucht worden ist, sehr skeptisch gegenüberstehen müssen.

Anstatt nach der Steuerbelastung zu fragen, dürfte es richtiger sein zu fragen: Welchen Anteil des Volkseinkommens beansprucht insgesamt und auf den Kopf der Bevölkerung die Finanzwirtschaft des Staates und aller übrigen öffentlichen Körperschaften für ihre Zwecke? Im normalen Verlauf der Dinge bestreiten private und öffentliche Wirtschaften ihre Bedürfnisse aus dem jährlichen Volkseinkommen. Seiner Verwendung nach teilt sich dieses also in zwei Teile. Über den einen Teil verfügen in unserer Wirtschaftsordnung die privaten Wirtschaften beliebig für ihre eigenen Zwecke. Der andere Teil dient der Bedarfsdeckung der öffentlichen Wirtschaft. Ob die öffentliche Wirtschaft diesen Anteil als Steuer oder Gebühr, als Rente oder Unternehmergewinn usw. erhält, ist für die Frage der finanziellen Belastung der Bevölkerung, d. i. der Schmälerung des den privaten Wirtschaften zur freien Verfügung verbleibenden Anteils am Volkseinkommen, ganz gleichgültig. Es kommt letzten Endes darauf an: Was verbleibt der Bevölkerung vom Volkseinkommen als dem Ertrag ihrer Arbeit zur freien Verfügung?

Daneben hat nur noch die andere Frage Bedeutung: Was leistet der Staat für den Anteil, den er vom Ertrag der Arbeit der Bevölkerung beansprucht? Denn, um dieses nur andeutend vorweg zu nehmen: die Steuerbelastung wird anders im selbstgenügsamen Rechtsstaat gewertet werden müssen als im Kultur- und Wohlfahrtsstaat, dessen pflegliche Tätigkeit die Fürsorge für die gesamte geistige und materielle Wohlfahrt der Bevölkerung weitgreifend umfaßt.

III. Zur Methodik der Berechnung des Steueraufkommens und der Steuerbelastung.

Voraussetzung für die Berechnung der Steuerlast oder der Steuerbelastung ist zunächst die Feststellung des Steueraufkommens des Landes

---

[1] R. Jones, The Nature and First Principle of Taxation, London 1914, p. 1.

oder derjenigen Länder, für welche die Steuerbelastung der Bevölkerung ermittelt werden soll. Unter Steueraufkommen versteht man den Gesamtbetrag der Steuereinnahmen aller öffentlichen Körperschaften eines Landes, voran natürlich des Staates, gleichviel in welcher Form die Steuern erhoben werden. Allein schon auf diese scheinbar einfache Frage nach dem gesamten Steueraufkommen, was also nicht gleichbedeutend mit der Frage nach der Steuerbelastung ist, vermag die Finanzstatistik keine völlig befriedigende Antwort zu geben.

Während des Krieges habe ich im Auftrage des Reichsschatzamtes ein Gutachten über „Die steuerliche Belastung in Deutschland während der letzten Friedensjahre" erstattet. Dieses Gutachten ist den seit 1920 mit den alliierten Kommissionen wiederholt geführten Erörterungen über die Frage der Steuerbelastung Deutschlands immer wieder zugrunde gelegt worden; insbesondere ist es auch immer wieder für die Frage eines Vergleichs der Vorkriegs- und Nachkriegssteuerleistungen Deutschlands herangezogen worden. Mein Gutachten ist dazu aber, wie auch aus dem Begleittext zu den gebotenen Ziffern ohne weiteres hervorgeht, nur mit Vorbehalt zu benutzen; denn es beschränkt sich, wie damals beabsichtigt war, im wesentlichen auf die Ermittlung der etatmäßig als Steuern ausgewiesenen Einkünfte. Außerdem war es bei der Abfassung des Gutachtens seinerzeit nicht möglich, der Darstellung ausnahmslos die Istzahlen der Rechnungen an Stelle der Sollzahlen der Voranschläge zugrunde zu legen (vgl. Gutachten S. 38). Die Berichtigungen, die nach Vorliegen aller Rechnungsabschlüsse sich für die in jenem Gutachten berechneten Ziffern erforderlich erweisen, sind in ihrer Mehrzahl unwesentlich bis auf eine, die den Wehrbeitrag betrifft. Dieser war in dem Voranschlag für 1913 mit 416,8 Millionen Mk., in meinem Gutachten jedoch nur mit einem Drittel des in den Jahren 1913, 1914 und 1915 zu entrichtenden Gesamtbetrages, d. i. mit 313,3 Millionen Mark, eingesetzt worden; die tatsächliche Einnahme 1913 war nur 820 600 Mark[1].

---

[1] Da das Gutachten heute noch viel verlangt wird, sei noch bemerkt, daß es zwei verschiedene Ausgaben gibt. Die erste erschien als Manuskriptdruck im Frühjahr 1916 und wurde dem Reichstag am 30. Mai 1916 vorgelegt. Die Buchhandelsausgabe (betitelt „Die steuerliche Belastung in Deutschland während der letzten Friedensjahre", Gutachten dem Staatssekretär des Reichsschatzamtes erstattet von Dr. W. Gerloff, herausgegeben vom Reichsschatzamt, Berlin, C. Heymanns Verl. 1916) erschien ein halbes Jahr später. Sie enthält die nachgeprüften und, soweit erforderlich, ergänzten und berichtigten statistischen Unterlagen; insbesondere sind Zahlen der Voranschläge durch die der Rechnungen ersetzt worden. Nur diese

Die Schwierigkeiten der Ermittlung des gesamten Steueraufkommens eines Landes bestehen darin, daß nebeneinander Reich, Länder, Provinzen, Gemeinden, Bezirke und andere öffentliche Körperschaften Steuern der verschiedensten Art und auf verschiedener Grundlage erheben, über deren Umfang und Höhe es an vollständigen Nachweisen gänzlich mangelt. Daneben erheben Verbände verschiedener Art (Kirchen-, Schul-, Armenverbände, Handels-, Landwirtschaftskammern usw.) Abgaben, über deren wenigstens teilweisen steuerlichen Charakter immer Zweifel bestehen werden. Weiter sind manche Gebühren nicht nur Entgelte für Gegenleistungen, sondern eine ständig schwankende Mischung von Steuer- und Preisbestandteilen. Endlich enthalten, wie schon im vorigen Abschnitt betont, auch die Preise der Monopolbetriebe oft erhebliche, aber doch nie einwandfrei feststellbare Steuerbestandteile. Das gilt sowohl von eigentlichen Finanzmonopolen, die neben Steuererträgen auch Unternehmergewinn abwerfen, wie von den sogenannten öffentlichen Unternehmungen, deren Reinerträge neben Kapital- und Unternehmergewinn auch Steuerelemente enthalten können. So ist denn heute bei den ständig wechselnden Tarifgestaltungen für Steuern, Gebühren, Beiträge und die Preise öffentlicher Unternehmungen die Feststellung des Steueraufkommens, d. h. der seitens öffentlicher Körperschaften zum Zwecke der Finanzbedarfsdeckung ohne spezielles Entgelt erfolgenden Entnahmen aus anderen Wirtschaften, überhaupt nur ganz roh und in groben Umrissen möglich.

Allgemein und grundsätzlich ist also zu sagen: Die Ermittlung des Steueraufkommens eines einzelnen Landes für einen gewissen Zeitraum ist um so schwieriger, je größer die Zahl der nebeneinander bestehenden Steuerkörperschaften und je vielgestaltiger die teils reine Steuern, teils steuerliche Bestandteile enthaltenden Leistungen anderer Wirtschaften an diese Körperschaften sind.

In Zeiten der Geldwertänderung, insbesondere rasch fortschreitender Geldwertänderung, stellt sich nun der befriedigenden Berechnung des Steueraufkommens eines Landes noch eine weitere, man darf wohl sagen, kaum zu überwindende Schwierigkeit entgegen. Sie besteht darin, daß die Steuern in einem Gelde vorgeschrieben und gezahlt

---

Ausgabe ist daher bei Bedarf überhaupt zu verwenden. Sie ist im Buchhandel vergriffen. Mit Rücksicht auf manche an mich gelangende Anfragen sei aber bemerkt, daß das Bücheramt der Universität Frankfurt noch einen kleinen Rest besitzt und abzugeben in der Lage ist.

werden, das der Wertstabilität ermangelt. So wie in solchen Zeiten die Privatunternehmungen in dem staatlichen Geld keine richtige Bilanz und die öffentliche Wirtschaft keinen brauchbaren Etat aufstellen können, auch keine zuverlässige Handelsbilanz ausgewiesen werden kann, so ist auch eine richtige Berechnung des Gesamtsteueraufkommens unmöglich; denn das hieße sinnlos, zwar gleichnamige, Mark benannte, aber doch tatsächlich höchst ungleichartige, weil aus den verschiedenen Zeiten der Markentwertung stammende Steuerleistungen zusammenzählen.

Der Versuch, etwa mit Hilfe einer Richtzahl die zu verschiedenen Zeiten, d. h. in Geld verschiedener Kaufkraft, erfolgten Leistungen auf einen gemeinsamen Nenner zu bringen, ist natürlich gänzlich aussichtslos. Selbst wenn aber die Steuern in Gold vorgeschrieben und mit einem Aufschlag in Papier entrichtet werden, so besagt auch der in dieser Goldwährung ausgedrückte Betrag des Steueraufkommens für die Frage der Steuerbelastung nicht allzuviel. Goldmarkbelastungen wirken auf Papiermarkeinkommen natürlich ganz verschieden, je nachdem, ob die Einkommensbezieher ihr Einkommen leicht oder schwer den Valutaschwankungen anzupassen vermögen. Darüber hinaus aber muß mit aller Deutlichkeit überhaupt betont werden, daß nach der Währungserschütterung in der ganzen Welt die Berechnung des Steueraufkommens für irgendein Land nur einen sehr bedingten Wert hat. Das gilt selbst für Länder mit anscheinend stabiler Währung. Nicht nur ist ein Vergleich der Steuerleistungen vor und nach dem Kriege angesichts der Veränderung der Kaufkraft des Goldes irreführend, sondern auch die anscheinend stabilen Währungen sind zur Zeit noch rascheren und erheblicheren Kaufkraftänderungen unterworfen als vor dem Kriege, so daß selbst Berechnungen des Steueraufkommens aus den Zahlungen eines einzigen Jahres kein eindeutiges Bild des Steuerdruckes zu geben vermögen. Weiter auf diese „Währungsfrage" einzugehen, ist hier nicht am Platze; als Beispiel sei nur auf Österreich verwiesen, wo die Krone, die seit zwei Jahren zum Dollar stabilisiert ist, sich in ihrer inneren Kaufkraft nicht unerheblich nach einer Richtung hin verändert hat. Ein gleicher Steuerkopfbetrag in Goldkronen für das Jahr 1923 bzw. 1924 bedeutet für die Steuerlast der Bevölkerung etwas ganz verschiedenes. Ähnliches gilt von der tschechischen und mancher anderen Währung.

Daraus ergibt sich also: in Zeiten fortschreitender Geldwertänderung sind Berechnungen des Steueraufkommens überhaupt irreführend.

Auch die Umrechnung auf einen festen Geldwert oder Berichtigungen mittels einer Richtzahl (Inderziffer) sind kaum weniger irreführend.

Die Frage nach der Steuerbelastung ist aber mit der Ermittlung des Steueraufkommens nur zu einem Teil, und zwar zum kleineren Teil, beantwortet. Um über die Steuerbelastung etwas auszusagen, bedürfen nämlich die Zahlen über das Steueraufkommen der Bezugnahme auf bestimmte soziale und ökonomische Tatsachen; anders ausgedrückt, es muß versucht werden, möglichst eindeutige **Belastungswerte** zu gewinnen. In der Regel pflegt man sich hierbei mit der Berechnung der Steuerbelastung auf den Kopf der Bevölkerung zu begnügen, zuweilen zerlegt in die Anteile der direkten und der indirekten Steuern an der Kopfquote. Die Kopfquote der Gesamtbevölkerung gibt jedoch auch in dieser Gliederung nur ein sehr unvollständiges Bild der tatsächlichen Steuerbelastung. Wenn eine Verhältniszahl, wie die Kopfquote es ist, eine richtige Vorstellung der Tatsachen geben soll, ist es unerläßlich, daß sie auf eine richtige Grundlage gestellt wird oder, wie der statistische Ausdruck lautet, ihr Milieu richtig gewählt wird. Das geschieht in diesem Falle durch Berücksichtigung des Altersaufbaues der Bevölkerung, der Berufsgliederung und der Ermittlung des Anteils der Steuern am Bevölkerungseinkommen und der Berechnung der Steuerbelastung für gewisse Einkommensstufen.

Steuerleistung und Einkommen in Beziehung zu setzen ist unerläßlich, um über die Steuerbelastung wirklich etwas auszusagen. Das ist aber nur für einzelne direkte Steuern leicht möglich, und nur wenn das Steuersystem aus wenigen einfachen direkten Steuern besteht, besitzen solche Zahlen für die Frage der Steuerbelastung einen gewissen Erkenntnis- und gegebenenfalls Vergleichswert.

Viel schwieriger und nicht selten ganz unmöglich erweist sich die Berechnung der Belastung verschiedener Einkommensklassen durch Verbrauchsteuern. Wie einzelne Einkommen typischer Größe durch gewisse Verbrauchsteuern belastet werden, läßt sich nur auf Grund sorgfältig geführter Haushaltungsrechnungen ermitteln. In einer 1908 veröffentlichten Abhandlung [1] habe ich den Versuch gemacht, die Verbrauchsbelastung kleinerer und mittlerer Einkommen auf Grund von 180 Haushaltungsrechnungen unter vergleichsweiser Heranziehung

---

[1] Gerloff, Verbrauch und Verbrauchsbelastung kleiner und mittlerer Einkommen in Deutschland um die Wende des 19. Jahrhunderts; eine konsum- und finanzstatistische Studie. Jahrb. f. Nat. u. Stat., III. Folge, 35. Bd. (1908), S. 1ff.

weiterer 889 Familienbudgets zu berechnen. Die Ergebnisse dieser Untersuchung finden sich in den bekannten finanzwissenschaftlichen Lehrbüchern [1]. Aus der genauen Kenntnis der Voraussetzungen und der Schwierigkeiten solcher Untersuchungen glaube ich sagen zu dürfen, daß heute derartige Berechnungen nicht durchführbar sind. Die Konsumtionsverhältnisse haben sich seither völlig verschoben; auch fehlt es an genügend zahlreichen und einwandfrei geführten Haushaltungsrechnungen, die ein typisches Bild von Verbrauch und Verbrauchsbelastung zu geben vermöchten. Dazu kommt, daß die deutsche Verbrauchsbesteuerung seit meinen Berechnungen, die sich auf die letzte Jahrhundertwende beziehen, sich extensiv und intensiv sehr entfaltet hat. So läßt sich z. B. schwer und einwandfrei überhaupt nicht berechnen, inwieweit die Umsatzsteuer und bis vor kurzem die Kohlensteuer den einzelnen Haushalt belasten. Die Belastung ist zweifellos sehr hoch und überholt leicht das, was etwa das Ausland, das diese Steuern nicht oder nicht in gleich scharfer Form hat, bei der Belastung gewisser Verbrauchsgüter mehr leistet.

Wie die Frage der Geldwertänderung bei der Berechnung des Steueraufkommens eine Rolle spielt, so auch bei der Ermittlung der Steuerlast. Die Geldwertänderung gehört zu den ökonomischen Tatsachen, die für die Ermittlung der Steuerlast von wesentlicher Bedeutung sind. Schon Ad. Smith hat darauf hingewiesen [2]; nur haben wir in Zeiten stabiler Währungsverhältnisse vergessen, daß hier Probleme besonderer Art vorliegen. Geldwertänderungen können, wenn sie Geldentwertung sind, eine Erleichterung der Last der in Geld zu entrichtenden Steuern bedeuten. Hierbei ist jedoch nicht zu übersehen, was oft geschieht, daß für den Steuerdruck nicht entscheidend ist der Geldwert am Zahlungstermin, sondern an jenem Zeitpunkt, in welchem der Steuerzahler die Steuerbeträge erarbeitet hat oder aus seiner Wirtschaft zum Zwecke der Steuerzahlung herausziehen muß. Das sind freilich Dinge, die sich einer Feststellung entziehen und bei den verschiedenen Berufsklassen auch ganz verschieden sind. Es scheint notwendig, das nachdrücklich hervorzuheben, da man vielfach geneigt ist, die Steuerleistung nach

---

[1] Ad. Wagner, Finanzwissenschaft III, 2. Aufl., 1. Buch, 1910, S. 344; W. Lotz, Finanzwissenschaft, 1917, S. 575, S. 725 usw.; B. Földes, Finanzwissenschaft, 1920, S. 487. Man vergleiche an den angeführten Stellen auch die Ausführungen zu dem vorliegenden Problem.

[2] Wealth of nations, V, Chap. 2, Part. II, Art. 1.

der Bedeutung, die sie für den Finanzhaushalt hat, zu beurteilen. Gerade die baren Steuerleistungen während des Jahres 1923, dem Jahre der stärksten Inflation in Deutschland, haben zahlreiche kleine Steuerzahler auf das härteste betroffen. Daß der Steuerbetrag im Augenblick des Zahlungseinganges entwertet war, war nicht die Schuld der Steuerzahler.

Nach alledem wird man mit großem Pessimismus an die Frage, ob die Steuerlast in Deutschland größer oder geringer als in Frankreich oder England ist, besser an die Frage der Vergleichbarkeit der Steuerlasten verschiedener Länder herangehen. Ist schon in einem einzelnen Staat bei dem gegenwärtigen Stande der Statistik die Gesamtheit der Steuerleistungen nur unzulänglich zu erfassen, so vervielfältigen sich bei einer Berechnung der Steuerbelastung für verschiedene Staaten zum Zwecke eines Vergleichs die methodischen Schwierigkeiten unendlich. Die Verwaltungsgliederung in Verbänden und Körperschaften mit und ohne Besteuerungsrecht ist in den einzelnen Staaten sehr verschieden. Deutschlands zentralisierte Verwaltung weist zahlreichere Steuerkörperschaften auf als andere Staaten. Eine Beschränkung des Vergleichs auf die eigentliche staatliche Belastung muß die deutschen Steuerleistungen geringer erscheinen lassen, als sie sind. Dazu kommt weiter die Verschiedenartigkeit der Abgaben, über deren Wesen oft genug die Sachkundigen des eigenen Landes im Zweifel sind, geschweige denn die Fernerstehenden.

Wenn es dann weiterhin, wie dargelegt, zur Beurteilung der Steuerbelastung in einem einzelnen Lande auch der Bezugnahme auf gewisse ökonomische und soziale Tatsachen bedarf, so ist das noch sehr viel mehr der Fall, wenn ein Vergleich der Steuerbelastung verschiedener Länder erfolgen soll. In ersterem Falle können gewisse Bedingungen immerhin noch vernachlässigt werden, z. B. Kaufkraft des Geldes, Altersgliederung der Bevölkerung usw., weil sie für die Steuerträger im wesentlichen gleich sind. Im letzteren Falle aber würde eine solche Vernachlässigung Fälschung der Tatsachen bedeuten. Berücksichtigung dieser Tatsachen ist geradezu Voraussetzung eines Vergleiches der Steuerbelastung. Denn selbstverständlich vermag ein Land mit großem Einkommen und Vermögen eine größere Steuerlast zu tragen als ein solches von geringem Einkommen und Vermögen, und ebenso vermag eine Bevölkerung, die in ihrer Gliederung eine verhältnismäßig hohe Quote im erwerbstätigen Alter Stehender aufweist, steuerlich mehr zu leisten als eine solche, die bei gleich großer Bevölkerungszahl eine verhältnismäßig hohe Zahl von Kindern und Jugendlichen aufweist. Ähnlich steht es mit der Berufsgliederung. Das sind ja alles bekannte Tatsachen, die sich leider nur in ihrer Bedeutung für die Steuerkraft einer vergleichenden statistischen Erfassung mehr oder weniger entziehen.

Diese Andeutungen müssen hier genügen; hinzugefügt sei nur, daß auch in diesen Punkten (Vermögens- und Einkommensverhältnisse und vielleicht auch Altersaufbau der Bevölkerung) ein Vergleich der Steuerkraft Deutschlands, Englands und Frankreichs für Deutschland ungünstig ausfällt. Im übrigen wiederholen sich natürlich die Schwierigkeiten, die sich schon bei der Berechnung der Steuerlast für ein einzelnes Land ergeben, und alle Zweifelsfragen tauchen in verschärftem Maße auf: Bewertung des Steueranteils der Reinerträge der Betriebsverwaltungen, Berechnung der Steuerlast der Inflation, Berücksichtigung oder Nichtberücksichtigung der durch Zölle bewirkten Preissteigerung inländischer Erzeugnisse als „Steuerbelastung" usw.

Ein Vergleich der Steuerbelastung verschiedener Länder setzt nun aber nicht nur voraus, daß in der dargelegten Weise qualitativ Gleichartiges verglichen wird, sondern auch daß ein taugliches Maß dem Vergleich zugrunde gelegt wird. In Zeiten gesunder Währungsverhältnisse bietet die Währungsparität einen Maßstab oder einen Nenner. Die Störung der intervalutarischen Beziehungen zeigt hier eine neue Schwierigkeit. Das führt zu den verschiedenen Versuchen oder, sagen wir, Methoden; denn wenn es auch manchmal Unsinn war, so war es doch Methode, die Steuerbelastung Deutschlands mit jener der alliierten Mächte zu vergleichen. Damit wird zugleich die naheliegende Frage beantwortet: Gibt es denn trotz der dargelegten und mancher anderen nicht erwähnten Schwierigkeiten solcher Steuerbelastungsberechnungen und Vergleiche dennoch Ziffern, die zum Zwecke solcher Belastungsvergleiche gebraucht oder mißbraucht werden, und woher kommen sie, und was ist davon zu halten?

IV. Steuerbelastungsvergleiche.

Steuerbelastungsberechnungen und Steuerbelastungsvergleiche sind den Vertretern der deutschen Regierungen auf den Sachverständigen- und Reparationskonferenzen in Brüssel, in London, in Cannes usw. wiederholt entgegengehalten worden. Auch in der französischen Kammer und vor allem in der ausländischen Presse sind häufig Ziffern über die

Steuerbelastung in Deutschland im Vergleich zu jener in Frankreich und Großbritannien oder auch den Vereinigten Staaten genannt worden, die fast alle mehr oder weniger darauf hinausliefen, darzutun, daß Deutschland zu wenig an Steuern leiste. Sehen wir uns die wichtigsten dieser „Methoden" an.

1. Auf der Brüsseler internationalen Finanzkonferenz (vom 24. Sept. bis 8. Okt. 1920) ist durch das Bureau des Völkerbundes ein von französischer Seite stammender Bericht nebst Anlagen vorgelegt worden (als Verfasser wird André Tardieu bezeichnet), darin auch ein Vergleich der deutschen und französischen Steuerlast gegeben wird. Sowohl das deutsche wie das französische Steueraufkommen, das diesen Berechnungen zugrunde liegt, beruht auf Schätzungen, die sich zum Teil sogar auf nachweisbar falsche Unterlagen stützen. Dem ist hier jedoch, wo es sich nur um die Methodenfrage handelt, für diese, auch wenn sie richtig wären, längst überholten Ziffern nicht nachzugehen. Sie haben bereits seinerzeit eine treffende und vernichtende Kritik durch W. Lotz gefunden, der von deutscher Seite als Beirat der Brüsseler Konferenz zugezogen war [1]. Nur das Ergebnis dieses Berichtes sei mitgeteilt und grundsätzlich gewürdigt. Der Bericht (Public finance, Rapport IV) errechnet die Steuerkopfquote in Deutschland für 1920 auf 474,9 Mk., in Frankreich für denselben Zeitraum auf 416,8 Fr. Das ergibt, umgerechnet zum Tageskurs vom 30. Juni 1920, eine Steuerbelastung in Deutschland von 12,5 Dollar und in Frankreich von 34,6 Dollar auf den Kopf der Bevölkerung.

Die Kopfquotenmethode ist die bekannteste Form der statistischen Aussage, um auf verschiedene Massen bezügliche Grundzahlen, die ohne weiteres keinen Vergleich gestatten, vergleichbar zu machen. Die Methode ist wegen ihrer Einfachheit sehr beliebt. Sie ist aber nur brauchbar, wenn die Massen, auf welche die zu vergleichenden Verhältniszahlen sich beziehen, möglichst homogen sind. Das ist nun, wie schon dargelegt, hier hinsichtlich Altersaufbau, Berufsgliederung, Wohlstand usw. keineswegs der Fall. Kopfquotenvergleiche steuerlicher Belastungen können daher immer nur je nach der Verschiedenheit der Bezugsmassen mehr oder weniger rohe Annäherungswerte geben. In diesem Falle

---

[1] Vgl. W. Lotz, Die Brüsseler internationale Finanzkonferenz von 1920, Schmollers Jahrb., 44. Jahrg. (1920), S. 1197 und 45. Jahrg., S. 165. Der Aufsatz ist auch heute noch beachtenswert als Beleg für die leichtfertige Art, mit der solche offiziöse Berechnungen angestellt werden.

liegt nun aber nicht nur die Umwandlung in eine einzige Beziehungs=
zahl vor, sondern aus den Kopfquoten sind durch Umrechnung in Dollar=
währung neue Beziehungszahlen entstanden, die auch eine neue Fehler=
quelle in sich bergen, da sie gleichfalls nicht auf homogener Grundlage
beruhen. Gegen diese Berechnung ist einzuwenden: „daß sie voraus=
setzt, die innere Kaufkraft der Mark und des Franken und damit die
wirkliche Belastung durch Steuern sei genau dem Tageskurs des Dollars
in Berlin und Paris entsprechend" (W. Lotz, S. 1211) [1]. Die Methode,
die Steuerbelastung zweier Länder, von denen eines oder gar beide
eine erschütterte Valuta haben, in eine feste fremde Währung oder auf
Goldeinheiten umzurechnen und vergleichend gegenüberzustellen, muß
notwendig ein ganz schiefes Bild ergeben. Es wird hierbei nicht nur
auf die Zufälligkeiten der Kursgestaltung keine Rücksicht genommen,
sondern es bleibt vor allem die innere Verarmung völlig unberück=
sichtigt, die um so größer zu sein pflegt, je größer die Geldentwertung
ist. Es ist ja doch kein Zufall, daß bei solchen Vergleichen das Land der
entwertetsten Valuta immer die niedrigsten Erträge an Steuern i. e. S.
des Wortes aufweist, wie es ebenso immer die niedrigsten Löhne und Ge=
hälter hat. Gerade bei dieser Methode müßte zum mindesten die Infla=
tion ihrem vollen Schwergewicht nach als Steuerleistung der Bevölkerung
in Anrechnung kommen. Weitere kritische Einwände ergeben sich aus
dem im früheren Abschnitt Gesagten, was hier nicht zu wiederholen ist.

Nur nebenbei sei schließlich noch erwähnt, daß laut Antwort auf den
Fragebogen der französischen Delegation zur 2. Brüsseler Konferenz,
von der gleich die Rede sein wird, die Gesamtbelastung an Steuern
und Abgaben in Deutschland unter Berücksichtigung der Voranschläge
(ohne Nachtragsetat), d. h. also wenn die Berechnung wie der Völker=
bundsbericht von Sollposten ausgeht, bei Annahme einer Bevölkerung
von 60 Millionen für das Jahr 1920 betrug [2]:

	in Mill. Mark	Mark pro Kopf
Reich (nach Abzug der Überweisungen)	29 776	496,26
Länder	4 916	81,94
Gemeinden	10 510	175,17
Zusammen	45 202	753,37

---

[1] Für weitere Einzelheiten vgl. W. Lotz a. a. O.
[2] Deutsches Weißbuch, Sammlung von Aktenstücken über die Verhandlungen
auf der Sachverständigenkonferenz zu Brüssel vom 16. bis 22. Dezember 1920,
Berlin 1921, S. 226.

Das sind nach dem Kurse vom 30. Juni 1920 immerhin 19,89 Dollar auf den Kopf der Bevölkerung.

2. Einen Fortschritt gegenüber dem vorgenannten Bericht zur Brüsseler Septemberkonferenz bedeutet die Denkschrift der alliierten Sachverständigen vom 11. Januar 1921, die im Anschluß an die Verhandlungen auf der Sachverständigenkonferenz zu Brüssel vom 16. bis 22. Dezember 1920 den alliierten Regierungen überreicht worden ist. Dieser Bericht, der der Öffentlichkeit wie auch der deutschen Regierung nur in einem Auszug der Agence Havas vom 2. und 3. Februar 1921 bekannt geworden ist [1], verzichtet darauf, die Steuerbelastung Deutschlands mit der eines anderen Landes zu vergleichen. Er weist zwar für Deutschland, Frankreich, Italien und Großbritannien Kopfbelastungen nach, aber er versagt es sich, diese Ziffern auf einen gemeinsamen Nenner zu bringen und zu vergleichen. Da es nicht möglich ist, wie der Bericht selbst sagt, ein einheitliches Kriterium für die Steuerbelastungen in verschiedenen Staaten zu finden, begnügt er sich damit, eine Reihe von Symptomen zu betrachten, „die, zueinander in nähere Verbindung gebracht, die Auslösung genauerer Eindrücke ermöglichen sollen, z. B. den Betrag der direkten Steuern, den Betrag der indirekten Steuern, den Gesamtertrag der Steuern einschließlich der Ausnahmesteuern und der örtlichen Gebühren, den Gesamtbetrag der Ausgaben, die Summe der inneren und äußeren Schulden usw." Leider hält der Bericht diesen sachlich durchaus richtigen Weg nicht bis zum Ende ein, sondern er wagt eine kleine Abschweifung, indem er zum Schlusse einen Vergleich bezüglich der Besteuerung alkoholischer Getränke in Goldmarkrechnung anstellt. Das Ergebnis ist: Deutschland zog 1920 aus der Besteuerung dieser Getränke 85, Frankreich 470, England 3450 Millionen Goldmark. Und die Erträge verhalten sich 1913 zu 1920 in England wie 100:430, Frankreich 100:102, Deutschland 100:16. Großbritannien bezog 1920 ein Viertel, Frankreich ein Elftel, Deutschland ein Fünfzigstel seiner Gesamtsteuereinnahmen aus der Besteuerung alkoholischer Getränke, und auf den Kopf der Bevölkerung entfielen in Großbritannien 72, in Frankreich 11,70 und in Deutschland (damals!) 1,46 Goldmark.

---

[1] Abgedruckt in dem Deutschen Weißbuch, enthaltend eine Sammlung von Aktenstücken über die Verhandlungen auf der Konferenz zu London vom 1. bis 7. März 1921, Reichstagsdrucksache Nr. 1640, S. 123. Vgl. ebenda auch die Bemerkungen der deutschen Regierung zur Denkschrift der Sachverständigen der Alliierten über den Haushalt des Deutschen Reiches, S. 43, besonders S. 59ff.

Diese Berechnungen sind nichts als eine einem ernsten Gutachten unwürdige Zahlenspielerei; denn für die Steuerbelastung in Deutschland überhaupt und im Vergleich zu derjenigen Großbritanniens oder Frankreichs besagen sie natürlich so gut wie gar nichts! Es läßt sich leicht eine ähnliche Rechnung aufstellen, bei der die Steuerleistung Frankreichs oder Englands lächerlich gering erscheint, diejenige Deutschlands hingegen ungewöhnlich groß und schwer; man muß eben nur die richtigen Steuern auswählen, also z. B. zugunsten Deutschlands etwa die Kohlensteuer oder die Umsatzsteuer. Die Kohlensteuer hat z. B. in den letzten Jahren, für die Rechnungsabschlüsse vorliegen, 1920 4998 Millionen und 1921 7014 Millionen Mark gebracht, d. i. mehr als alle anderen Verbrauchssteuern (von Tabak, Bier, Wein, Branntwein, Mineralwasser, Zucker, Salz, Zündwaren, Leuchtmitteln, Spielkarten usw.) zusammen. Es kommt kurz gesagt auf die steuerliche Gesamtbelastung an und nicht auf den Ertrag einzelner Steuern. Schon vor dem Kriege hat sich das Schwergewicht der Besteuerung in Deutschland mehr und mehr nach der Seite der direkten Steuern verschoben[1]. Diese Tendenz hat sich dann während des Krieges und erst recht nach dem Kriege verstärkt Geltung verschafft. Die selbstverständliche Folge ist die geringere Entwicklung der Verbrauchsbesteuerung; denn alle Besteuerung hat ihre ökonomischen und psychologischen Grenzen. Was mit dem Eimer der direkten Steuern aus dem Steuerbrunnen geschöpft wird, kann nicht mit der Pumpe der indirekten Steuern herausgeholt werden. Selbst wenn man aber auf einen Vergleich der Verbrauchsbesteuerung allein abstellen will, so müssen selbstverständlich alle Verbrauchsabgaben in Rechnung gestellt werden und nicht nur eine einzelne Gruppe. Die bloße Gegenüberstellung einzelner Steuerarten verschiedener Länder gibt notwendig ein falsches Bild; denn sie wird weder der Eigenart der verschiedenen Steuersysteme noch den besonderen Lebensbedingungen und Lebensgewohnheiten der Bevölkerung der verschiedenen Länder gerecht.

3. Die vorstehenden kritischen Bemerkungen gelten nun auch für die dritte Methode der Steuerbelastungsvergleiche, die ich die Tarifmethode nennen möchte; es ist die Methode Lloyd Georges. Diese Methode besteht darin, nicht die Zoll- und Steuererträge, sondern

---

[1] Vgl. den Abschnitt Steuerverteilung und Steuerbelastung in dem Gutachten „Die steuerliche Belastung in Deutschland während der letzten Friedensjahre", S. 25ff.

Steuerbelastung und Wiedergutmachung.

einfach Zoll- und Steuersätze miteinander zu vergleichen. Dieser Beweisführung für Deutschlands angebliche Steuerscheu bediente sich Lloyd George auf der Konferenz zu London 1921, um zu zeigen, daß in Deutschland Bier, Branntwein, Tabak, Kaffee, Tee, Wein und Zucker nicht stark genug belastet seien[1]. Deutschlands „indirekte Steuern", sagte Lloyd George, „und dies sind die Steuern, die die Masse des Volkes trägt, sind lächerlich niedrig, verglichen mit Großbritannien. Lassen Sie mich ein paar Beispiele geben: Zum Zweck dieser Berechnung habe ich 10 Papiermark, 4 Papierfranken und 1 sh 6 d als Gegenwert für eine Goldmark genommen." Er gab dann folgende Übersicht der Steuerbelastung[2]:

	Deutschland (Goldmark)	England (Goldmark)	Frankreich (Goldmark)
Bier (pro hl)	0,5	34,—	3,25
Wein (pro hl)	20 v. H. des Kleinhandelspreises	etwa 40 v. H. des Kleinhandelspreises	etwa 27 v. H. des Kleinhandelspreises
Spirituosen (pro hl)	80,—	2392,—	316,—
Tabak (pro kg)	2,—	13,—	—
Zucker (pro 100 kg)	1,4	44,—	12,5
Kaffee (pro 100 kg)	15,—	28,—	—
Tee (pro 100 kg)	23,—	133,—	—

Das klingt zunächst ganz einleuchtend. Es ist auch ohne weiteres zuzugeben, daß zur Zeit der Pariser und Londoner Verhandlungen die Steuersätze, für einige Verbrauchsabgaben in Deutschland sehr zurückgeblieben, von der Geldentwertung überholt waren. Das ist inzwischen gründlich anders geworden. Abgesehen davon aber gilt für den Vergleich der Steuersätze einiges Grundsätzliches:

Ziel der Finanzpolitik ist nicht ein Maximum der Steuersätze, sondern der Steuererträge. Gerade bei den Verbrauchssteuern gilt es, den optimalen Steuersatz, der die größten Erträge bringt, nicht den maximalen zu finden. Die Kaufkraft der deutschen Bevölkerung gestattet zudem nicht schlechthin Steuersätze von jener Höhe, wie sie in Großbritannien

---

[1] Weißbuch, enthaltend eine Sammlung von Aktenstücken über die Verhandlungen auf der Konferenz zu London vom 1. bis 7. März 1921, Reichstagsdrucksache Nr. 1640, S. 162/63.

[2] Die angegebenen Sätze sind offenbar die Ende 1920 geltenden; vgl. die gegenwärtig geltenden weiter unten S. 47 ff.

durchweg noch erträglich sind. Ferner hat die Steuerpolitik auch wirtschaftspolitische Rücksichten zu nehmen. Die Produktionsverhältnisse für Bier, Branntwein, Zucker und Tabak sind in Deutschland andere als in England. Rücksichten auf die Produktion verbieten in Deutschland Steuersätze von der Höhe der britischen. Endlich ist gerade bei den Verbrauchssteuern die Vorbelastung durch Umsatz- und Kohlensteuern nicht außer acht zu lassen[1].

Diese beiden schwersten Steuern im Steuergepäck des deutschen Volkes treffen natürlich mit besonderer Schärfe die außerdem noch durch eigene Verbrauchssteuern belasteten Objekte wie Zucker, Tabak, Bier usw. Außerdem darf nicht übersehen werden, daß die Umsatzsteuer und bis vor kurzem in der Regel auch die Kohlensteuer einfach alle, auch die lebenswichtigsten Erzeugnisse, den Notbedarf der Ärmsten mit erheblichen Steuersätzen belasten. Die Belastung durch die Umsatzsteuer ist um so höher, je größer die Zahl der Umsätze vom ersten Erzeuger bis zum letzten Verbraucher ist, und je geringer hierbei die Zwischengewinne sind. Besonders hoch ist deshalb gerade die Belastung von Lebensmitteln, die meistens keiner erheblichen Bearbeitung und Stoffumwandlung unterliegen, wie Kartoffeln, Fleisch, auch Mehl usw. So beträgt die Umsatzsteuerbelastung für Fleisch, wie ich mit Hilfe von Sachverständigen feststellen konnte, auf dem Wege vom Landwirt über den Viehhändler und Großschlächter zum Ladenmetzger ungefähr 8 v. H. des Verkaufspreises; gelangt das Fleisch im Gasthause zum Verbrauch, so beträgt die Belastung infolge der erhöhten Umsatzsteuer sogar ungefähr 15 v. H. Die Belastung von Wein, Bier und Zucker allein durch die Umsatzsteuer (also die Wein-, Bier- und Zuckersteuer nicht eingerechnet) ist ähnlich hoch.

Auch der belgische Reparationsvorschlag vom 9. Juni 1923 sagt über die deutsche Verbrauchsbesteuerung: „Wie häufig nachgewiesen, ist der Ertrag der Verbrauchssteuern in Deutschland beträchtlich geringer, als er sein könnte, und als er bei sonst gleichen Verhältnissen in anderen Ländern ist." Zu dieser allgemeinen, das Gesamtsteuersystem und die Gesamtbelastung überhaupt nicht berücksichtigenden Bemerkung ist das gleiche wie zu den Ausführungen Lloyd Georges zu sagen.

---

[1] Die Kohlensteuer ist als Reichssteuer seit 1923 zwar aufgehoben; sie besteht jedoch noch als Förderabgabe, die von den Besatzungsmächten an der Ruhr erhoben wird.

Gegen Beweisführungen dieser Art, die sich an einzelnen Steuern versuchen, um zu zeigen, daß die Steuerbelastung in Deutschland geringer sei als anderwärts, wendet sich zutreffend auch der Bericht des Dawes-Komitees. Es heißt da (Bericht des ersten Komitees, 2. Teil, Abschnitt III): „Wir halten es nicht für besonders ersprießlich, den deutschen Staatshaushalt einer ins einzelne gehenden Untersuchung zu unterziehen, zu keinem anderen Zweck, als um vorzuschlagen, daß jede einzelne Steuer auf einen Satz oder auf die Höhe gebracht wird, die in irgendeinem alliierten Staate für diese Steuer besteht, und dergestalt Deutschland das Höchstmaß der Last aufzulegen, die in irgendeiner Steuerkategorie in irgendeinem der Gläubigerstaaten getragen wird. So zu handeln, hieße die Frage der Gesamtlast außer acht lassen. Es hieße das Gleichgewicht des deutschen Systems zerstören und die durch dasselbe den Steuerzahlern aufgebürdete Gesamtlast vergessen, wollte man z. B. behaupten, daß Deutschland eine Angleichung der Steuersätze auf Tabak, Bier, Spirituosen usw. an das Niveau der entsprechenden englischen vertragen könne, und dabei die hohe Umsatzsteuer vergessen, die England nicht erhebt; oder wollte man behaupten, daß Deutschland höhere Erbschaftssteuern erheben könne, und dabei seine Vermögenssteuern völlig ignorieren." Leider beachten die Gutachter die hier selbst vorgezeichnete Richtlinie, die gewiß zur Gewinnung eines richtigen Bildes innegehalten werden muß, durchaus nicht immer.

Ähnlich übrigens wie uns der Vorwurf gemacht wird, der deutsche Steuerzahler sei nicht genug belastet, so ist auch von englischer Seite wiederholt darauf verwiesen worden, daß der englische Steuerzahler viel schwerer als sein französischer oder belgischer Verbündeter belastet sei. Was können die französische und die belgische Regierung darauf antworten? Auch sie können nur sagen, daß es keine einwandfreie Basis gibt, auf der ein solcher Vergleich überhaupt möglich ist, wenn sie es nicht vorziehen, diesen unliebsamen Hinweis auf ihre geringeren Steuerleistungen mit Stillschweigen zu übergehen[1].

---

[1] Einen solchen deutlichen Hinweis enthält z. B. die Note des britischen Ersten Staatssekretärs des Auswärtigen, Marquess Curzon of Kedleston an den französischen Botschafter in London und an den belgischen Botschafter in London, vom 11. August 1923, Punkt 17. Die Antwort Poincarés vom 20. August 1923, obwohl sie die englische Note Punkt für Punkt zu widerlegen versucht, geht doch geflissentlich an der Bemerkung über die Minderbelastung der französischen und belgischen Steuerzahler im Vergleich zu den englischen stillschweigend vor-

Schließlich sei noch bemerkt, daß auch bei den direkten Steuern ein bloßer Vergleich der Steuersätze keineswegs ohne weiteres statthaft ist. Sehen wir von der Frage der Geldentwertung bzw. der Kaufkraft des Geldes ab, so setzt ein einwandfreier Vergleich immer noch voraus, daß man sich Rechenschaft gibt über die Grundsätze für die Wertermittlung bzw. ihre Verschiedenheit, über die Zuverlässigkeit der Veranlagung, der Erhebung usw. Im übrigen ist die Höhe der direkten Steuern in Deutschland seitens der Reparationsgläubiger noch nie bezweifelt oder bemängelt worden.

4. In der Sitzung der französischen Kammer vom 16. Februar 1922 ist von einem Abgeordneten (wie schon früher und auch später wiederholt von anderen) die Frage eines Vergleichs der Steuerbelastung Frankreichs mit derjenigen Deutschlands aufgeworfen worden. Poincaré selbst gab bei dieser Gelegenheit zu, daß ein solcher Vergleich sehr schwierig sei, da man nicht nur die Staatssteuern, sondern auch die lokalen Steuern in Betracht ziehen müsse, außerdem die örtlichen Abgrenzungen in den verschiedenen Ländern nicht die gleichen seien. Gleichzeitig wies er darauf hin, daß der Abgeordnete Loucheur ein großes Material über diese Frage vorgelegt habe. Von diesem Material ist der Öffentlichkeit nicht mehr bekannt geworden als die auch in jener Sitzung genannten Ergebnisse der Berechnungen Loucheurs.

Die Methode Loucheurs — ich nenne sie die Arbeitswertmethode — ist diese: er hat nach dem Vorbild einer bei französischen Finanzwissenschaftlern der 70er Jahre schon beliebten Berechnungsweise den an Steuern auf die Bevölkerung entfallenden Kopfbetrag unter Zugrundelegung des durchschnittlichen Arbeitseinkommens eines Industriearbeiters in Arbeitstage umgerechnet und fragt danach: „Wieviel Tage arbeitet jeder Engländer, Franzose oder Deutsche hiernach jährlich für den Staat?" Die Antwort lautet: Der Engländer zahlt an Steuern durchschnittlich 45, der Franzose 30, der Deutsche 16 Arbeitstage.

Leider sind uns, wie gesagt, nur dieses „Ergebnis" bekannt und nicht die Unterlagen der Berechnungen. Wir können also die Richtigkeit der auf den Kopf berechneten Steuererträge nicht nachprüfen; wir wissen auch nicht, welche Durchschnittseinkommen für die verschiedenen Länder

---

über. Der erwähnte belgische Reparationsvorschlag und die genannten Noten sind in der Reichstagsdrucksache Nr. 6204 „Notenwechsel der Alliierten im Anschluß an die deutschen Noten vom 2. Mai und 7. Juni 1923" veröffentlicht.

zugrunde gelegt worden sind, müssen aber die Zuverlässigkeit der einen wie der anderen Ziffern stark bezweifeln. Daß im übrigen ein reiches Land wie England mehr solcher durchschnittlicher Einkommen oder Arbeitstage an Steuern leisten kann und wird als ein armes Land, ist selbstverständlich. Denn in einem armen Lande fehlen ja diejenigen Steuerzahler, die nicht einige Dutzend, sondern Hunderte solcher durchschnittlichen Tagelöhne entrichten. Allein es läßt sich auch rechnerisch leicht zeigen, daß die Loucheurschen Ziffern, soweit Deutschland in Frage kommt, nicht richtig sein können.

Der Mindestsatz der Reichseinkommensteuer beträgt bekanntlich 10 v. H. Das Jahr mit 300 oder auch nur mit 250 Arbeitstagen angenommen ergibt allein für die Einkommensteuerleistung 30 oder 25 Arbeitstage. Das gilt nun freilich nur für die Einkommensteuerzensiten, während die Ziffern Loucheurs für die gesamte Bevölkerung gelten. Die Zahl der zur Einkommensteuer Veranlagten (der physischen Zensiten) betrug in Preußen vor dem Kriege 18—19 v. H. der Bevölkerung. Sie ist gegenwärtig erheblich höher[1]. Für diesen Teil der Bevölkerung, d. h. für wenigstens ein Fünftel, sind also 25 bis 30 volle Arbeitstage das mindeste, was sie für den Staat leisten! Läßt sich nun zeigen, daß die gesamten übrigen Steuern das Vierfache der Einkommensteuer erbringen oder rund 80 v. H. des gesamten Steueraufkommens betragen, so erhalten wir auch auf den Kopf der nicht einkommensteuerpflichtigen Bevölkerung einen Steueranteil von wenigstens 25 bis 30 Arbeitstagen. Das ist in der Tat der Fall. Nach Voranschlägen und Schätzungen beträgt das gesamte reine Steueraufkommen (d. h. ohne die steuerartigen Gewinne der Betriebsverwaltungen usw.) für das Jahr 1924 6,9 Milliarden Goldmark[2]. Davon entfallen auf die Einkommensteuer 1344 Millionen Mark oder 19,5 v. H.[3]. Mindestens ebenso groß ist die Quote, die die Zahl der einkommensteuerpflichtigen Personen

---

[1] Dem Lohnabzug unterliegen zurzeit rund 21 Millionen Steuerpflichtige.

[2] Das Aufkommen an Reichssteuern wird einschließlich der Überweisungen an Länder und Gemeinden für das Jahr 1924 auf 5144 Millionen Goldmark veranschlagt. Die eigenen Steuern der Länder und Gemeinden werden einschließlich der Steuer auf den bebauten Grundbesitz nach der dritten Steuernotverordnung für das Rechnungsjahr 1924 auf 1750 Millionen Mark geschätzt.

[3] Es ist mir selbstverständlich bekannt, daß sich bei Einkommen bis 8000 Mk. der Steuersatz von 10 v. H. je nach dem Familienstand ermäßigt. Doch glaube ich von diesen und anderen Einwänden absehen zu können, da ja auch nur der Mindestsatz der Einkommensteuer der Berechnung zugrunde gelegt worden ist.

von der Gesamtbevölkerung beträgt. Es entfällt somit, wie schon gesagt, auf den Kopf der einkommensteuerpflichtigen wie der nicht einkommensteuerpflichtigen Bevölkerung eine Steuerlast in Höhe des Wertes von 25 bis 30 Arbeitstagen.

5. Die Methode der deutschen Sachverständigen. Es kommen vornehmlich in Frage zwei Schriftstücke zur Londoner Konferenz [1], ferner eine Note der deutschen Regierung vom 28. Januar 1922 auf die in Cannes getroffene Entscheidung der Reparationskommission vom 13. Januar 1922 [2].

Schon in der für die im Juli 1920 abgehaltene Konferenz von Spaa verfaßten Denkschrift des Reichsfinanzministeriums „Die Steuerbelastung in Deutschland" war die Möglichkeit wissenschaftlich einwandfreier Vergleiche der Berechnung der Steuerbelastung verschiedener Länder zu geben, nachdrücklich bestritten und deshalb auch auf die Berechnung von Kopfquoten verzichtet worden. Es ist dem Drängen der Gegenseite oder auch den vielfachen irrigen Behauptungen in den Parlamenten und der Presse des Auslandes zuzuschreiben, daß die deutschen Sachverständigen in späteren Schriftstücken dennoch den Versuch wagen, die Belastung des deutschen Steuerzahlers mit derjenigen des englischen oder französischen zu vergleichen. Da es notorisch hierfür auf beiden Seiten an einwandfreiem Material über Steueraufkommen in Staat und Gemeinden, über Volkseinkommen usw. fehlt, können diese Versuche zu einem befriedigenden Ergebnis nicht gelangen. Sie haben aber das Verdienst, daß sie die Berechnungen der Sachverständigen der Alliierten treffend kritisieren und zugleich das von diesen selbst gebotene Material geschickt gegen sie verwenden. So erwiderte der deutsche Außenminister Simons in London auf die oben angeführten Darlegungen Lloyd Georges diesem, man könne die verschiedenen Belastungen auf den Kopf der Bevölkerung in Goldmark umgerechnet nicht miteinander vergleichen, man müsse vielmehr die Belastung auf den Kopf berechnet mit dem Einkommen für den Kopf vergleichen. „Als

---

[1] Weißbuch, Reichstagsdrucksache Nr. 1604, Nr. 3. Sachverständigengutachten über die wirtschaftlichen Wirkungen der Pariser Beschlüsse, S. 28 ff., Nr. 4. Bemerkungen zur Denkschrift der Sachverständigen der Alliierten über den Haushalt des Deutschen Reiches, S. 42 ff.

[2] Aktenstücke zur Reparationsfrage vom Mai 1921 bis März 1922, Reichstagsdrucksache Nr. 4140, Schriftwechsel nach der Konferenz von Cannes, Anlage 1, S. 52 ff.

Grundlage des Vergleiches", fuhr er fort, "akzeptiere ich die Zahlen der Denkschrift des Völkerbundes. Daraus folgt, daß nach Abzug der Steuerbelastung ein Einkommen für den Kopf der Bevölkerung übrig bleibt: in England von 1378,5 Goldmark, in Frankreich von 702,5 Goldmark, in Deutschland von 330 Goldmark. Hieraus ergibt sich klar, daß nach Maßgabe seiner Leistungsfähigkeit Deutschland am stärksten belastet ist. Ich verweise auch auf eine amtliche englische Quelle, den Generalbericht des Departement of overseas trade, über die industrielle und wirtschaftliche Lage Deutschlands, wo festgestellt ist, daß die Steuerbelastung dem einzelnen Steuerträger in Deutschland 43 v. H. seines Einkommens nimmt."[1]

Kurz hat auch Rathenau in seiner Rede vor dem Obersten Rat auf der Konferenz in Cannes die Frage der Steuerbelastung gestreift: "Wir haben Unterlagen vorbereitet", sagte er, "und stellen sie zur Verfügung. Ich stelle unter Beweis, daß der Deutsche fernerhin eine schwerere Bürde trägt als der Bewohner irgendeines anderen Landes, insbesondere der Engländer oder der Franzose." Diese Unterlagen sind in dem "Schriftwechsel nach der Konferenz von Cannes" veröffentlicht worden[2]. In den deutscherseits gebotenen Ziffern wird der Versuch gemacht, dadurch zu sachlich vergleichbaren Größen zu gelangen, daß die Belastung unter Benutzung von Indexzahlen zwecks Berücksichtigung der inneren Kaufkraft des Geldes errechnet wird. Zunächst wird gezeigt, wie die Belastung des Einkommens durch Einkommensteuern oder einkommensteuerartige Abgaben in Frankreich, England und Deutschland sich unter Berücksichtigung der inneren Kaufkraft des Geldes gestaltet. Es betrug nach den damals in Geltung befindlichen Gesetzen für

a) einen unverheirateten Lohnempfänger,

b) einen verheirateten Lohnempfänger mit 2 Kindern (1 Franken = 5 Papiermark, 1 Schilling = 11 Papiermark):

---

[1] Gemeint ist der "General Report on the Industrial and Economic Situation in Germany", December 1920, Parlamentary Papers Cmc 1114, p. 13. Es heißt dort "German Income Tax is expected to produce 12000000000 M. in 1920, which is estimated as 12—15 per cent of the income of the nation; taking the lower figure, the national income would then amount to 100000000 M. und would in the current financial year therefore, be taxed to the extent of 43 per cent."

[2] Reichstagsdrucksache Nr. 4140, S. 52ff., Anlage 1.

Einkommen in			Steuern					
			Frankreich in %		England in %		Deutschland in %	
Mark	Franken	Schilling	a	b	a	b	a	b
10 000 =	2 000 =	900	—	—	—	—	2,22	—
20 000 =	4 000 =	1 800	—	—	—	—	6,10	—
30 000 =	6 000 =	2 700	—	—	—	—	7,40	1,80
50 000 =	10 000 =	4 500	2,75	0,99	4,50	—	8,44	5,08
100 000 =	20 000 =	9 000	5,55	3,00	10,50	2,10	15,50	14,06
250 000 =	50 000 =	22 500	9,84	6,43	20,40	14,88	25,20	25,20
500 000 =	100 000 =	45 000	15,68	10,43	24,87	22,11	32,10	32,10
1 000 000 =	200 000 =	90 000	23,96	16,13	33,41	32,03	38,55	38,55
5 000 000 =	1 000 000 =	450 000	52,99	41,76	50,07	49,79	54,21	54,21
10 000 000 =	2 000 000 =	900 000	58,25	47,38	54,62	54,48	57,11	57,11

Die Belastung für Einkommen aus Handel und Gewerbe, Landwirtschaft und Kapitalrenten stellt sich für Deutschland noch erheblich höher als für Frankreich und England. Doch sind alle diese Ziffern heute überholt. Es kann auch nicht geleugnet werden, daß sie in ihren Berechnungsunterlagen undurchsichtig sind. Dazu kommt weiter, daß die vorhandenen und benutzten Indizes nicht gestatten, die Einkommen verschiedener Länder auf gleiche Kaufkrafteinheiten umzurechnen. Der englische Großhandelsindex ist anders zusammengesetzt als der deutsche oder der französische. Gleichartige Indizes zu berechnen, ist aber fast unmöglich, und wenn auch Gleichartigkeit in der Auswahl der Waren und der Art der Preisermittlung erreichbar wäre, so bliebe noch die Verschiedenartigkeit der Lebenshaltung der Bevölkerung zu berücksichtigen; denn gerade die Gewohnheiten der Lebenshaltung, bestimmt durch naturgegebene und soziale Verhältnisse, sind in hohem Maße mitbestimmend für die Kaufkraft des Einkommens. Schließlich ist gegen diese Tabellen vor allem auch der gleiche Einwand geltend zu machen, den wir so häufig gegen die Berechnungen von alliierter Seite erheben mußten: sie zeigen nicht die Gesamtbelastung der Steuern, sondern in diesem Falle nur die durch sogenannte Besitzsteuern. Daneben wird dann allerdings für das Jahr 1922 unter Zugrundelegung eines Gesamtaufkommens aus Steuern von 97 328 Milliarden Mark für Deutschland und von 18,051 Milliarden Franken für Frankreich noch folgende Rechnung aufgemacht:

a) auf der Basis der Zahlen des Völkerbundes
  Volkseinkommen in Deutschland 312 Milliarden Mark,
  „   „   Frankreich 128   „   Franken,

demnach Anteil der Steuer am Volkseinkommen in Deutschland 31,19 v. H., in Frankreich 14,10 v. H.;

b) auf der Basis der Zahlen französischer Sachverständiger
Volkseinkommen in Deutschland 416 Milliarden Mark,
„ „ Frankreich 108 „ Franken,
demnach Anteil der Steuer in Deutschland 23,40 v. H., in Frankreich 16,71 v. H.

In beiden Fällen erscheint demnach die prozentuale Belastung des Volkseinkommens durch Steuern in Deutschland weit stärker als in Frankreich.

Stellt man fest, was demgemäß nach Abzug der Steuern dem einzelnen im Durchschnitt zum Lebensunterhalt von seinem Staat gelassen wird, so ergibt sich (immer wieder nach der zitierten amtlichen deutschen Berechnung) bei Berücksichtigung der inneren Kaufkraft des Geldes (1 Franken = 5 Mark):

a) nach den Zahlen des Völkerbundes: für den Deutschen 3578 Mark, für den Franzosen 2749 Franken = 13 745 Mark,

b) nach den Zahlen französischer Sachverständiger: für den Deutschen 5311 Mark, für den Franzosen 2249 Franken = 11 225 Mark.

Angesichts der wenig sicheren Begründung der Unterlagen können auch diese Ziffern nicht allzuviel Bedeutung beanspruchen, obwohl sie zweifellos die den Tatsachen entsprechende Tendenz der verhältnismäßigen steuerlichen Überlastung in Deutschland richtig zum Ausdruck bringen.

6. Auch das Gutachten des Dawes-Komitees hat „Erwägungen über das Maß der Belastung Deutschlands" angestellt, sowie über die Möglichkeit, den „moralisch oder theoretisch unanfechtbaren" Grundsatz, daß dem deutschen Volke eine Steuerlast auferlegt werden müsse, die mindestens ebenso schwer sei, wie die der Völker der alliierten Länder, zahlenmäßig so auszudrücken, daß er als Basis des praktischen Handelns dienen könne. Bevor darauf im einzelnen eingegangen wird, sind einige für die Beurteilung des Gutachtens grundsätzliche Bemerkungen vorauszuschicken.

Das Gutachten ist keine theoretische, wissenschaftliche Untersuchung, sondern eine praktisch politische. „Wir sind an unsere Aufgabe als Geschäftsleute herangetreten," heißt es in der Einleitung, „in dem eifrigen Bestreben, positive Ergebnisse zu erzielen." Das Ziel war, einen „konstruktiven" Plan aufzustellen, der seine eigene Bürgschaft darin findet, daß seine ehrliche Ausführung im Interesse aller Parteien liegt. Aus dieser Einstellung des Komitees erklärt es sich, daß es nicht wissenschaftliche theoretische Fragen zur Entscheidung bringen will, sondern die verschiedenen Meinungen einfach zur Kenntnis nimmt, um dann das Schwergewicht der verschiedenen Argumente bei seinen Vorschlägen zu berücksichtigen. So ist es zu verstehen, daß das Gutachten, wie schon erwähnt, keineswegs frei von Widersprüchen ist. Die Ausführungen zu den einzelnen Abschnitten müssen weniger als eine geschlossene Beweisführung, denn als eine Wiedergabe der verschiedenen Ansichten angesehen werden, die in den Kommissionen zweifellos zutage getreten sind und aus welchen dann sich die Gutachter zum Schluß auf irgendein praktisches Ergebnis zu einigen versucht haben. Auch die Schlußfolgerungen zur Frage der Steuerbelastung Deutschlands, die wörtlich angeführt seien, sind ein Beispiel für diese mit einem hohen Maß politischer Weisheit durchgeführte Methode.

„Die verschiedenen Gesichtspunkte zusammenfassend" (die nachstehend erörtert werden sollen), heißt es im zweiten Teil des Berichtes des ersten Komitees unter II a, „sind wir zu der Ansicht gelangt, daß der Grundsatz der Gleichmäßigkeit der Belastung für Deutschland, wenn es wieder zu voller wirtschaftlicher Blüte gekommen ist, sehr wohl alle praktischen Schlußfolgerungen rechtfertigen würde, die wir gezogen haben, und daß sie in jeder Hinsicht moralisch zu verteidigen sind. Es sprechen natürlich gute Gründe politischer, wirtschaftlicher und psychologischer Art für die Beschränkung der tatsächlichen Anforderungen an den Staatshaushalt in Deutschland, weit unter der Ziffer, zu der man bei alleiniger Berücksichtigung dieses Grundsatzes gelangen würde. Über die Gewichtigkeit solcher Gründe werden die Meinungen auseinander gehen. Es ist unnötig, auf diese Gesichtspunkte im einzelnen einzugehen, und es genügt die Feststellung unserer einstimmigen Überzeugung, daß alle unsere Empfehlungen und Vorschläge in vollem Einklang sind mit dem, was sich nach dem Grundsatz der Gleichmäßigkeit der Belastung moralisch rechtfertigen läßt."

Während alle andern Sachverständigen, die sich, wie in dieser Übersicht gezeigt worden ist, mit der Frage der Steuerbelastung Deutschlands im Vergleich zu jener der alliierten Mächte befaßten, versucht haben, ein ziffernmäßiges Bild der tatsächlichen Verhältnisse zu gewinnen, führen die Berichterstatter unseres Komitees nicht eine einzige

Ziffer an. Obwohl es doch nahe gelegen hätte, und bei den der Kommission zur Verfügung stehenden Hilfsmitteln gewiß möglich gewesen wäre, ein großes Ziffernmaterial über die Steuerbelastung in den verschiedenen Ländern zu erlangen und mitzuteilen, finden wir selbst in den Anlagen der Gutachten nichts dergleichen, bis auf eine Antwort der deutschen Regierung auf die ihr von dem ersten Sachverständigenkomitee vorgelegten Frage: Welcher Betrag an Einkommensteuer für Einkommen verschiedener Höhe nach den Sätzen der letzten Jahre zu zahlen sei? — Die Sachverständigen begnügen sich vielmehr damit, auf die „theoretischen und praktischen Schwierigkeiten" zu verweisen, die jeden Versuch zu genauer Berechnung und Vergleichung der Steuerbelastung hindern. Ihre Gründe sind im wesentlichen die gleichen, die von uns schon geltend gemacht worden sind:

„Für die Feststellung der Gleichmäßigkeit genügt es nicht, die Belastung auf den Kopf der Bevölkerung zu berechnen; sie muß vielmehr in ein Verhältnis zu dem Reichtum oder Einkommen auf den Kopf der Bevölkerung gesetzt werden; nach Ansicht vieler ist es ein Gebot der Gerechtigkeit, daß zunächst ein Existenzminimum von dem auf den Kopf der Bevölkerung berechneten Einkommen abgezogen wird. Die Höhe dieses Existenzminimums ist nicht genau feststellbar, und es scheint in verschiedenen Ländern unter verschiedenen Klimaten verschiedener wirtschaftlicher Entwicklung und verschiedenen Lebensgewohnheiten zu wechseln, wie z. B. der Unterschied zwischen Spanien und den Vereinigten Staaten lehrt; das Existenzminimum kann sogar zu verschiedenen Zeitperioden in demselben Lande verschieden sein. Für eine rohe Betrachtung mag man annehmen, daß dieses Minimum in direktem Verhältnis zu dem Einkommen auf den Kopf der Bevölkerung in den verschiedenen Ländern schwankt. Ferner ist die Belastung pro Kopf in den Ländern der Alliierten zu allen Zeiten Änderungen unterworfen, und was heute eine gültige Vergleichsgrundlage für die Besteuerung in diesen Ländern sein mag, kann in zehn Jahren ganz anders sein. Die Vergleichung der Statistiken für die steuerliche Belastung, der staatlichen sowohl wie der örtlichen, in jedem Lande bietet viele technische Schwierigkeiten. Zudem sind die Statistiken des nationalen Gesamteinkommens und des Einkommens auf den Kopf der Bevölkerung gegenwärtig sehr mangelhaft oder überhaupt nicht vorhanden."

Dann aber folgt eine merkwürdige Schlußfolgerung, die nach dem

Originaltext wiedergegeben werden muß: „Notwithstanding these difficulties it is possible to compute roughly what total budget charge would be borne by the German people if they were subject to taxation (central and local) on the same scale per unit of income as in Great Britain, and by deducting from the result the necessary domestic expenditure to derive an arithmetical balance which could be, theoretically, at any rate, assigned to the payment of reparation."

Der französische Text dieser Stelle aber lautet:

„En dépit de ces difficultés, il est possible de calculer approximativement la charge totale budgétaire, qui pèserait sur le peuple allemand si la fiscalité générale et la fiscalité locale suivaient le même tarif par unité de revenu qu'en Grande-Bretagne, de déduire du résultat les dépenses intérieures nécessaires et de tirer ainsi un solde arithmétique qui pourrait, théoriquement du moins, être affecté au payement des réparations."

Wie an verschiedenen Stellen des Gutachtens ist der Sinn der beiden Texte verschieden[1]. Aber weder die eine, noch die andere Fassung gibt für das vorliegende Problem einen eindeutigen Sinn, geschweige denn eine brauchbare Methode. Da zudem nicht einmal der Versuch gemacht wird, Zahlenbeispiele zu geben, so erübrigt sich eine weitere Kritik.

In den Erwägungen über das Maß der Belastung Deutschlands, die das Prinzip der Gleichmäßigkeit der Belastung zum Gegenstande haben, spielt jedoch noch die Löschung der deutschen Staatsschulden infolge der Inflation eine besondere Rolle. Darauf muß noch kurz eingegangen werden. Der Bericht führt aus: Die ordentlichen Ausgaben

---

[1]) Die „Deutsche allgemeine Zeitung" vom 14. April 1924 übersetzt offenbar nach dem englischen Wortlaut: Ungeachtet dieser Schwierigkeiten ist es möglich, oberflächlich die Gesamtsteuerbelastung des deutschen Volkes zu berechnen, wenn es einer Belastung (staatlich und örtlich) in demselben Maße pro Einkommenseinheit wie in Großbritannien unterworfen wäre und wenn man die notwendigen Lebenshaltungskosten von diesem Ergebnis in Abzug brächte, um einen rechnerischen Überschuß zu erhalten, der wenigstens theoretisch für Reparationszahlungen verwendet werden könnte. Der inzwischen erschienenen Ausgabe des Sachverständigen-Gutachtens durch die „Frankfurter Zeitung" liegt anscheinend der französische Wortlaut zugrunde. Darnach wird übersetzt: Ungeachtet dieser Schwierigkeiten ist es möglich, annähernd die Gesamtsteuerbelastung des deutschen Volkes zu berechnen, wenn die allgemeine und örtliche Belastung dem gleichen Tarif pro Einkommenseinheit wie in Großbritannien folgen würde, wenn man die notwendigen inneren Ausgaben von diesem Ergebnis in Abzug brächte, um einen rechnerischen Überschuß zu erhalten, der wenigstens theoretisch für Reparationszahlungen verwendet werden könnte.

des deutschen Budgets würden durch die Einschränkungen der militärischen Rüstung, vor allem aber durch die fast vollständige Tilgung der inneren Schuld vermindert. „Hätte Deutschland, wie es die Alliierten getan haben, die Last seiner eigenen Schulden weiter getragen und sie nicht durch Inflation gelöscht, so hätte es neben seinen inneren Ausgaben noch 4½—5 Milliarden jährlich aufbringen müssen. Demnach wäre es sowohl gerecht als auch durchführbar, in seinem Haushalt Ausgaben in Ansatz zu bringen, die den Kriegsausgaben im Haushalt der Alliierten einigermaßen entsprechen."

Hierzu ist zunächst zu sagen: Es ist irrig, zu glauben, daß die „Repudiation" eine Ersparnis für den deutschen Gesamthaushalt im Betrage von etwa 4,5—5 Milliarden bedeutet. Mindestens ein Teil dieses Betrages belastet noch den Reichs=, Staats= und Gemeindehaushalt, allerdings in anderer Form. Dort, wo früher Schuldzinsen entrichtet wurden, leisten Staat und Gemeinde jetzt — Armenunterstützungen, Kleinrentnerbeihilfen u. dergl. „In einigen Großstädten Deutschlands erhält jeder zweite Einwohner, in einigen Städten des besetzten Gebietes erhalten sogar von 100 Einwohnern 70—80 Armenunterstützung"[1].

Das Gutachten übersieht das nicht ganz, denn es sagt selbst: „Das Verschwinden der deutschen Schuld ging letzten Endes auf Kosten der **eigenen Staatsangehörigen** vor sich, die zugleich die deutschen **Steuerzahler** sind. Als Inhaber deutscher Anleihen haben sie nicht nur die Last getragen, der sie schon als Steuerzahler entgangen sind, sondern auch die, die sie in künftigen Jahren getragen haben würden, um die Zinsen der inländischen Schuld aufzubringen, wenn ihr Wert nicht durch Entwertung vernichtet worden wäre. Man kann sagen, daß diese Art der Tilgung (abgesehen von der Frage, wie sie auf die verschiedenen Individuen und sozialen Klassen gewirkt hat) sowohl in Bezug auf die Reichsfinanzen, als auch in bezug auf die Gesamtheit der deutschen Steuerzahler wie eine **Kapitalabgabe** gewirkt hat. Der von den **einzelnen Staatsgläubigern** erlittene **Verlust** wird durch einen entsprechenden, den Steuerzahlern **insgesamt** zufallenden **Gewinn genau ausgeglichen**."

Die wichtigste Schlußfolgerung, die seitens der Gutachter daraus gezogen worden ist, ist diese: „Wenn das deutsche Volk eine so schwere

---

[1] H. Luther, Reichsminister der Finanzen, Feste Mark — Solide Wirtschaft, Rückblick auf die Arbeit der Reichsregierung während der Wintermonate 1923/24, S. 28.

Taxation[1].
(International Comparison)

Mr. Lampert: asked the Chancellor of the Exchequer what is the taxation per head, in sterling, as near as can be ascertained of Great Britain, France, the United States of America, Italy, Germany, Canada, Australia, South Africa, and New Zealand, in the Year preceding the War and the latest available date?

Mr. Snowden: The following statement gives the information desired so far as it is available:

Taxation per head.

	1913 or 1913—14 (actual)			1923 or 1923—24 (estimated)		
	In currency	In Sterling at par.	Exchange Rate = £	In currency	In Sterling at par.	Exchange Rate = £
United Kingdom	3 £ 11 s 0 d	3 £ 11 s 0 d	—	15 £ 18 s C H	15 £ 18 s 0 d	—
France	Frs. 84,5	3 £ 7 s 0 d	Frs. 25,22	Frs. 522,7 A	6 £ 18 s 2 d	Frs. 75,68
United States[2] Federal	$ 6,8	1 £ 7 s 11 d	$ 4,86⅔	$ 30,0	6 £ 14 s 10 d	$ 4,45
Italy	Lire 53,8	2 £ 2 s 8 d	Lire 25,22	Lir. 327,7 C	3 £ 6 s 11 d	Lire 98
Germany[2] (Reich)	Mk. 31,3	1 £ 10 s 8 d	Mk. 20,43	Mk. 81,34 D	4 £ 1 s 4 d	Mk. 20
Canada[2]: Dominion	$ 16,60	3 £ 8 s 2 d	$ 4,86⅔	$ 36,80 C	7 £ 19 s 8 d	$ 4,61
Australia: Commonwealth States	3 £ 8 s 1 d	3 £ 8 s 1 d	—	8 £ 1 s 9 d	8 £ 1 s 9 d	—
South Africa: Union	1 £ 5 s 11 d	1 £ 5 s 11 d	—	3 £ 4 s 2 d F	3 £ 4 s 2 d	—
Provinces	1 £ 0 s	1 £ 9 s 0 d	—	3 £ 9 s 11 d C	3 £ 9 s 11 d	—
	0 £ 4 s 9 d	0 £ 4 s 9 d	—	0 £ 11 s 9 d G	0 £ 11 s 9 d	—
New Zealand	6 £ 3 s	6 £ 3 s 0 d	—	12 £ 5 s 3 d C	12 £ 5 s 3 d	—

[1] Auszug aus „Parliamentary Debates" House of Commons. Vol. 170, Nr. 20 Tuesday, 26th February 1924.

[2] It will be observed that the figures for the United States, Canada and Germany show the expenditure of the Central Gouvernement *only*. They do not include the expenditure of the States for which information is not available.

A. = Actual. B. = Approximate. C. = 1922—23, actual. D. = 1924—25, Goldmarks. E. = 1920, approximate. F. = 1921—22, actual. G. = 1922—23, estimated. H. = Great Britain and Northern Ireland.

I must, however, add that international comparisons of this nature require to be used with great caution owing to the differing national wealth, financial systems and social and economic structure of the countries compared.

Last zu tragen hätte, wie die Angehörigen des am höchsten besteuerten alliierten Landes für alle Zwecke, ausgenommen Schuldenlast, zu tragen haben, so hätten wir einen Ausdruck des Grundsatzes der gleichmäßigen Belastung in einem beschränkten, aber entschieden vertretbaren Sinne."

Dem wird man unbedenklich zustimmen können. Die Frage jedoch, nach welcher Methode nun diese Gleichmäßigkeit der Belastung festgestellt werden kann, bleibt nach wie vor offen.

Schließlich sei zum Schluß nur noch vorstehende Tabelle abgedruckt, die im Februar dieses Jahres dem englischen Unterhause vorgelegt worden ist.

Zu dieser Übersicht ist wenig zu bemerken, da ihr die erforderlichen Vorbehalte schon angefügt sind. Es sei nur noch einmal hervorgehoben, daß die gebotenen Zahlen für Deutschland wie für Kanada und die Vereinigten Staaten die Belastung durch Landessteuern nicht zeigen. Die Gemeindesteuern fehlen anscheinend für alle Staaten. Es ist aber immerhin beachtenswert, daß hiernach allein die Besteuerung durch das Reich (ohne Länder!) in Deutschland höher ist als die Gesamtbelastung in Italien, und daß die bundesstaatliche Besteuerung in dem armen Deutschland ungefähr zwei Drittel der Besteuerung in dem reichsten Land der Welt, den Vereinigten Staaten, erreicht!

Die Frage, die sich zum Schlusse aufdrängt, ist die, welche Methode ist für die Ermittlung und Vergleichung der Steuerbelastung die beste? Welches ist die exakte Methode? Die Antwort auf diese Frage hat Plenge in seinen gründlichen finanzstatistischen Studien schon vor ungefähr anderthalb Jahrzehnten gegeben, indem er ausführte, daß das, was Neumanns mustergültiges Beispiel seinerzeit für Deutschland begonnen und was der Verfasser dieser hier vorliegenden Abhandlung fortgesetzt habe, im Prinzip auch für den internationalen Vergleich der Steuerbelastung gefordert werden müsse: keine rohen arithmetischen Kopfzahlen, sondern effektive Steuerbeträge für die verschiedenen Einkommensklassen[1].

Als ein Beispiel sei erwähnt, daß Ballod[2] und ähnlich Plenge für 1906 berechnet hat, daß der Anteil der wohlhabenden Klassen betrug:

in	am Volkseinkommen	an der Gesamtsteuer
England	48,5 %	41,6 %
Deutschland	30,0 %	29,5 %

[1] Plenge, Die Finanzen der Großmächte, Zeitschr. f. die ges. Staatsw. 1908, S. 763.
[2] Ballod, Jahrb. f. Nat. u. Stat., III. Folge, 37. Bd. 1909, S. 255.

Man kann diese Methode, wie sie von Fr. J. Neumann und mir für die Berechnung der Verbrauchsbelastung durchgeführt worden ist, die **klassifizierende Methode** nennen. Sie wird sich immer nur auf eine beschränkte Anzahl von Fällen erstrecken können, da keine Aussicht auf Durchführung solcher Ermittlungen für große Massen besteht. Die klassifizierende Methode wird zur typologischen, wenn sich die statistische Untersuchung nicht auf eine mehr oder minder große Anzahl von Fällen erstreckt, sondern auf typische Einzelfälle beschränkt. Wie der Name **typologische Methode** schon sagt, werden also nicht beliebige oder zufällige Einzelfälle, sondern bestimmte als typisch erkannte und ausgewählte untersucht. Ist eine solche Auslese nicht möglich oder nicht beabsichtigt, so spricht man von **repräsentativer** oder **Stichproben-Methode**. Für die Frage der Steuerbelastung insbesondere für den internationalen Steuerbelastungsvergleich kann nur die klassifizierende oder, minder brauchbar, die typologische Methode in Anwendung kommen.

Ein einzelner allein ist heute nicht in der Lage, derartige Untersuchungen für verschiedene Einkommensklassen oder auch für Typen von Einkommensempfängern auszuführen, wie sie für die Erkenntnis des Steuerdrucks in den einzelnen Ländern, erst recht aber für den internationalen Vergleich unerläßlich sind. Schon die Unterlagen zu solchen Untersuchungen für einzelne Länder allein bereitzustellen, dürfte auch für eine Kommission mit sehr erheblichen Schwierigkeiten verknüpft sein. Es ist ein törichtes, wenn nicht ein unehrliches, demagogisches Ansinnen, von der deutschen Regierung immer wieder Auskünfte über die Schwere des deutschen Steuersystems im Vergleich zu demjenigen der alliierten Mächte zu verlangen, wenn diese selbst nicht in der Lage sind, die gleichen Aufschlüsse über ihr eigenes Steuersystem, dessen Durchführung, Wirkungen usw. zu geben. Ganz richtig hat E. Rosenbaum bemerkt: Nähme der Reparationsausschuß die ihm in Artikel 233, Anlage II, § 12 b aufgetragene Aufgabe ernst, „so müßte er eine permanente Kommission für internationale vergleichende Finanzstatistik einsetzen, der Wissenschaftler von höchstem Range anzugehören hätten"[1].

Und noch eins ist hinzuzufügen: durch einen Zahlenausdruck kann die Steuerbelastung niemals restlos abgewogen und allseitig ausgedrückt werden. Belastungsziffern sind Mittelwerte, sind Abstraktionen von der Wirklichkeit, die zur Aufhellung der Tatsachen beizutragen, sie

---

[1] Wirtschaftsdienst, 6. Jahrg. S. 165.

aber nicht zu erschöpfen vermögen. Die Frage nach der Steuerbelastung ist ähnlich jener nach dem Volksreichtum oder nach dem Volkswohlstand. Diese Frage hat seit 150 Jahren die Volkswirte und Statistiker beschäftigt. Wie viele Berechnungen und Schätzungen sind nicht angestellt, wie viele Vergleiche nicht versucht worden, bis man zu der Einsicht kam, daß ein richtiges Urteil über den Wohlstand eines Volkes keine Zahl zu geben vermag. Und so wie man heute, um sich ein Bild von dem Wohlstande eines Volkes zu machen, nicht mehr nach einer einzigen Ziffer fragt, sondern nach Wohlstandssymptomen als Kriterien, die nur in ihrer Gesamtheit ein Urteil über das materielle Wohlergehen der Bevölkerung erlauben, so darf man auch bei der Frage nach der Steuerbelastung sich nicht an einer Ziffer genügen lassen, sondern man muß das ganze Bild der Lebensverhältnisse (nicht nur der materiellen, sondern auch der ethischen und psychischen) zu zeichnen versuchen, in welchen die Belastungsziffer als Steuerdruck sich auswirkt. Das ist nicht bloß eine statistische, das ist eine ökonomische und soziologische Aufgabe.

V. Deutschlands Steuerleistungen.

Es könnten noch mancherlei Steuerbelastungsvergleiche angeführt werden, die in den Parlamenten und der Presse während der letzten Jahre mitgeteilt worden sind. Allein alle diese angeblichen Belastungsberechnungen halten mit seltenen Ausnahmen wissenschaftlicher Kritik nicht stand; sie sind außerdem alle längst überholt und vermögen zur Klärung des Problems nichts beizutragen. Wir stehen zudem in Deutschland vor einer neuen Sachlage. Eine Neuordnung der Währung ist begonnen, die Inflation ist zum Stillstand gebracht worden, und im Finanzhaushalt wird mühsam das Gleichgewicht gesucht. Jetzt erst, wenn die Stabilisierung eine dauernde sein wird, wird sich das Steuersystem, das Deutschland seit 1919 geschaffen hat, voll auswirken, und es wird sich zeigen müssen, ob die Vielzahl der schweren Steuern aus dem Einkommen bestritten werden kann. Steuern, die nicht aus dem Einkommen bezahlt werden können, werden aus dem Vermögen entrichtet; aber der Weg, auf dem das geschieht, ist kein gerader, sondern ein verhängnisvoller Umweg über Inflation und Teuerung. Steuerüberbürdungen müssen mit ganz wenigen Ausnahmen regelmäßig zu großen allgemeinen Steuerüberwälzungen mit Preissteigerungen auf allen Gebieten führen. Solche Teuerungswellen bringen wie den privaten so den öffentlichen Haushalt aus dem Gleichgewicht, der

Deckung für die steigende Belastung seines Sach- und Personaletats zunächst nur in Anleihen, schließlich nur in der Papiergeldausgabe finden kann. Die Folgen sind bekannt: Geldentwertung, Vermögensverzehr, Enteignung ganzer Gesellschaftsschichten, endlich Zerstörung der Wirtschaft. Es wird sich auch für Deutschland zeigen müssen, ob es diesen nicht zu unterschätzenden Gefahren der übermäßigen Anspannung der Steuerschraube zu entgehen vermag.

Hier kann es sich zur Zeit nur darum handeln, ein allgemeines Urteil über die gegenwärtige und künftige Steuerbelastung in Deutschland zu gewinnen. Eine gute Möglichkeit eines Vergleichs bietet uns hierbei Österreich, das, wie mehrfach erwähnt worden ist, durch den Frieden von St. Germain hinsichtlich der Schwere seines Steuersystems eine gleichlautende Verpflichtung anerkennen mußte, wie sie Deutschland durch Artikel 233, Anlage II, § 12b auferlegt worden ist. Als Österreich im Sommer 1922 vor dem Zusammenbruch stand, suchte es auf der in London tagenden Konferenz der Alliierten eine Anleihe zu erlangen, die ihm aber verweigert wurde. Der Oberste Rat überwies vielmehr die österreichische Frage zur Prüfung und Berichterstattung an den Völkerbund. Im Verlauf der weiteren Verhandlungen kam es am 4. Oktober 1922 zu den Genfer Protokollen, durch welche Österreich gegen die Verpflichtung, ein Reform- und Sanierungsprogramm gesetzlich festzulegen und stufenweise durchzuführen, unter Garantie der großbritannischen, französischen, italienischen und tschechoslowakischen Regierung eine Wiederaufbauanleihe gewährt wurde. Im dritten Genfer Protokoll bzw. dem als Beilage gegebenen Bericht des Finanzkomitees sind die Grundlinien für die Herstellung eines dauernden Gleichgewichts des österreichischen Budgets gezogen. Hierbei finden sich auch Bestimmungen über die Steuerleistungen, die Österreich aufzubringen hat. Es ist nun nicht ohne Interesse, die für Österreich von den im Wiedergutmachungsausschuß vertretenen Mächten Großbritannien, Frankreich, Italien und der Tschechoslowakei sowie im Völkerbund festgestellten Steuersätze und Kopfquoten mit denjenigen zu vergleichen, die Deutschland aufbringt.

Das auf Grund der Genfer Protokolle erlassene Bundesgesetz vom 27. November 1922 über die zur Aufrichtung der Staats- und Volkswirtschaft der Republik Österreich zu treffenden Maßnahmen (Wiederaufbaugesetz [1]) enthält auch Bestimmungen über die Erträge, die aus

---

[1] B.G.Bl. Nr. 843, dazu die Beilage: Reform- und Finanzprogramm auf Grund der am 4. Oktober 1922 in Genf unterzeichneten Konvention. Über den

den Zöllen, den Monopolen und den wichtigsten Steuern aufgebracht werden sollen. Die Angaben beziehen sich auf Goldkronen (1 Goldkrone = 14 400 Papierkronen). Die Bevölkerungszahl Österreichs ist in Übereinstimmung mit amtlichen Angaben mit 6 526 000 angenommen worden.

Nach dem Wiederaufbaugesetz sollen die Zolleinnahmen innerhalb zweier Jahre von 80 Millionen Kr. auf 100 Millionen Kr. gesteigert werden, d. h. von 12,26 auf 15,32 Kr. gegen 6,85 Kr. im letzten vom Kriege noch nicht berührten Finanzjahr 1913. Die tatsächlichen Einnahmen betrugen nach dem ersten Halbjahresbudget 1924 13,85 Kr. und nach dem zweiten 14,61 Kr.

Die Zolleinnahmen in Deutschland betrugen vor dem Kriege 10,74 Mk. Den Hauptanteil daran hatten die Einnahmen aus den Lebensmittelzöllen (Getreidezölle allein pro Kopf 4,03 Mk.), die infolge der unzureichenden Eigenproduktion bzw. Ernährungsschwierigkeiten in Fortfall gekommen sind. Hingegen sind die Zölle für die aus dem Ausland eingeführten Genußmittel wie Kaffee, Tee, Kakao usw. gegenüber ihren Friedenssätzen beträchtlich erhöht worden. Seit 1919 erfolgt die Erhebung der Zölle mit einem Goldaufgeld.

Die Preise für die Erzeugnisse des Tabak- und Salzmonopols sollen in Österreich nach dem Wiederaufbaugesetz so gesteigert werden, daß der dem Ertragsverhältnis vor dem 1. August 1914 entsprechende prozentuelle Monopolertrag erreicht wird. Das Tabakmonopol erbrachte in Österreich vor dem Kriege einen Reinertrag von 7,72 Kr., das Salzmonopol von 110 Kr. auf den Kopf der Bevölkerung.

In Deutschland betrugen vor dem Kriege die Steuer- und Zolleinnahmen von Tabak (und Zigaretten) ungefähr 2,70 Mk. auf den Kopf. Die Besteuerung des Tabaks (ohne Wertzoll!) erbrachte:

1913: 54,0 Millionen Mk.	1916: 202,9 Millionen Mk.
1914: 68,3 „ „	1917: 419,5 „ „
1915: 79,7 „ „	1918: 699,4 „ „

Stand der österreichischen Entwicklung um die Jahreswende 1923/24 unterrichtet sehr gut A. Feiler, Das neue Österreich, Tatsachen und Probleme in und nach der Sanierungsaktion. Die von mir oben gebotenen Ziffern finden sich jedoch nicht in dieser Schrift. Sie sind unmittelbar den Quellen entnommen. Es ist besonders zu verweisen auf die Monatsberichte des Generalkommissars des Völkerbundes über den Wiederaufbau Österreichs und auf die Statistischen Nachrichten, herausgegeben vom Bundesamt für Statistik, Wien.

Die Erträge der folgenden Jahre (1919: 0,7, 1920 fast 2, 1921 über 4 Milliarden) gestatten angesichts der in dieser Zeit rascher fortschreitenden Geldentwertung kein Urteil über die wirkliche Verbrauchsbelastung. Bis 1918 jedoch betrug die Geldentwertung im allgemeinen nicht mehr als 30 bis 40 v. H. Somit zeigt die Einnahmesteigerung bis 1918 eine erhebliche Erhöhung der Belastung des Tabakkonsums. Eine weitere Steigerung der Belastung und der Erträge ist zu erwarten, da seither die Tabaksteuersätze erheblich erhöht worden sind. Die Steuerbelastung beträgt 40 v. H. für Zigaretten und feingeschnittenen Rauchtabak, 20 v. H. für Zigarren und Pfeifentabak (Gesetz vom 12. September 1919 und Verordnung vom 30. Oktober 1923). Für 1924 sind die Einnahmen aus der Tabakbesteuerung in Deutschland amtlich auf 498 Millionen Goldmark geschätzt worden, das sind 7,84 Mk. auf den Kopf der Bevölkerung.

Die Steuer- und Zolleinnahmen von Salz erbrachten in Deutschland vor dem Kriege auf den Kopf der Bevölkerung 0,95 Mk. Der Steuersatz betrug 12 Mk. für 100 kg. Der derzeit geltende Steuersatz (Verordnung vom 12. November 1923) hat infolge der Geldentwertung den Friedenssatz noch nicht erreicht; er beträgt 0,74 Mk. für 100 kg.

Die Bierbesteuerung erfolgt in Österreich nach dem Zuckergehalt der Bierwürze (Extraktgehalt). Gemäß Wiederaufbaugesetz ist Bier pro Hektolitergrad/Extrakt, d. h. für jeden Hektoliter und Grad Extrakt nach dem hundertteiligen Sacharometer mit 1 Kr. zu besteuern gegenüber 0,34 Kr. vor dem Kriege. Derzeit wird ein Hektolitergrad/Extrakt besteuert bei Bierwürze bis einschließlich 14 Grad mit 0,49 Kr. (5000 bzw. 7000 Papierkronen). Das 13%ige Normalbier ist mit 650 P.-Kr. oder 4,5 Heller Gold pro Liter belastet. Der Kopfertrag ist 1,49 Kr.

In Deutschland beträgt die staatliche Biersteuer (Gesetz vom 9. Juli 1923 und Verordnung vom 26. November 1923) 5 bis 6,10 Mk. für 1 hl Normalbier (bis 13% Stammwürze), abgestuft nach der in einer Brauerei erzeugten Menge. Auf einen Liter entfallen 5 bis 6 Goldpfennig, d. i. ungefähr 50 v. H. mehr als die derzeitige Belastung in Österreich.

Die Branntweinsteuer wird in Österreich mit 24000 P.-Kr. = 1,67 Kr. Gold für den Hektolitergrad reinen Alkohols erhoben. Das Wiederaufbaugesetz sieht einen Höchstsatz von 3 Kr. vor; der Vorkriegssatz war 0,90 bis 1,10 Kr. und seit Anfang 1914 1,40 bis 1,60 Kr. Der Kopfertrag ist zurzeit 1,60 Kr.

Die Branntweinbesteuerung erfolgt in Deutschland im Wege des

Monopols, in der Weise, daß eine Reineinnahme der Reichskasse verbleibt, deren Höhe vom Finanzminister festgesetzt wird. Sie beträgt zurzeit 280 Mk. für 1 hl Weingeist (Gesetz vom 8. April 1922 und Bekanntmachung der Monopolverwaltung vom 3. Januar 1924). Die Branntweinbesteuerung ist also in Deutschland nicht nur höher als in Österreich, sondern auch höher, als das Wiederaufbaugesetz verlangt.

Die Weinsteuer beträgt in Österreich zurzeit 220000 Papierkronen = 15,28 Kr. Gold für den Hektoliter. Das Wiederaufbaugesetz sieht 20 Kr. vor.

Die Weinbesteuerung in Deutschland beträgt 20 v. H. des Kleinverkaufspreises (Gesetz vom 26. Juli 1918 und 12. April 1922). In Deutschland gibt es keine Weine mehr, die im Kleinverkauf so billig sind, daß die Besteuerung von 20 v. H. nicht höher, in der Regel sogar erheblich höher wäre, als sie in Österreich ist, bzw. nach dem Wiederaufbaugesetz sein soll. Die billigsten Weine mit einem Verkaufspreise von 1,20 bis 1,50 Mk. sind steuerlich mit 20 bis 30 Pfennig = 24 bis 36 Goldheller pro Liter belastet.

Das sind die wichtigsten Verbrauchsteuern, auf deren Höhe das Wiederaufbaugesetz Einfluß nimmt. Außerdem hat es die Einführung einer Warenumsatzsteuer von 1 v. H. und ab 1. Januar 1924 von 2 v. H. vorgesehen. Für Luxuswaren beträgt der Steuersatz in Österreich 12 v. H.

Die deutsche allgemeine Umsatzsteuer beträgt hingegen 2,5 v. H. und die erhöhte Umsatzsteuer 15 v. H. Leistungen besonderer Art (Beherbergung, Anzeigen usw.) unterliegen einem Satz von 5 bis 10 v. H. Nicht nur in ihren Sätzen, sondern auch in der Art ihrer Veranlagung ist die deutsche Umsatzsteuer viel höher als die österreichische. Von der letzteren sagt der österreichische Finanzminister selbst: „Die Warenumsatzsteuer haben wir zwar nominell auf 2 v. H. per Phase erhöht, die Zusammenziehung der Phasen und die Pauschalierung haben jedoch ergeben, daß die Steuerbelastung durch die Warenumsatzsteuer weit unter diesen Ansätzen zurückbleibt."[1] Die deutsche Steuertechnik kennt hingegen die „Phasenpauschalierung" nicht.

Das Ergebnis ist also: In Deutschland werden die wichtigsten Verbrauchsteuerobjekte und außerdem der Umsatz von Warenleistungen und Lieferungen erheblich höher belastet, als es die Reparationsgläubiger auf Grund der am 4. Oktober 1922 in Genf unterzeichneten Konvention von Österreich fordern, bzw. als die derzeitige Belastung in Österreich ist. Eine Ausnahme macht vielleicht vorübergehend die Belastung des

---

[1] „Neue Freie Presse" vom 24. Februar 1924.

Salzes. Nebenbei sei noch bemerkt, daß zu der angegebenen staatlichen Verbrauchsbelastung von Bier, Wein und Branntwein in Deutschland noch Gemeindesteuern von 5 bis 15 v. H. treten.

Noch günstiger wird das Bild für Deutschland, wenn wir die direkte Besteuerung ins Auge fassen.

Nach dem Wiederaufbaugesetz ist Österreich verpflichtet, eine allgemeine Vermögensteuer bis zum Höchstsatz von 3 v. T. einzuführen. Die deutsche allgemeine Vermögensteuer beträgt grundsätzlich 5 v. T. und steigt bis auf 7,5 v. T.

Die österreichische Einkommensteuer soll nach dem Wiederaufbaugesetz einen Höchstsatz von 45 v. H. aufweisen. Das steuerfreie Existenzminimum beträgt in Österreich 1000 Steuereinheiten, die Steuereinheit zu 11 170 Kr. = 11,17 Millionen P.-Kr. Die deutsche Einkommensteuer kennt ein steuerfreies Existenzminimum überhaupt nicht, sondern nur den allgemeinen Abzug von Werbungskosten von 50 Mk. monatlich. Der Steuersatz beträgt in Österreich für 1923:

Steuereinheiten	Papierkronen Millionen	Goldkronen	v. H.
1 000— 2 500	11,2— 27,9	776—1939	1,1
2 500— 4 300	27,9— 48,0	1939—3335	2,2
4 300— 6 000	48,0— 67,0	3335—4655	3,3
6 000— 8 500	67,0— 94,9	4655—6593	4,0
8 500—12 000	94,0—134,0	6593—9308	4,4

Erst bei 40 000 Steuereinheiten oder rund 31 000 Goldkronen erreicht der Steuersatz 10,34 v. H., d. i. jene Höhe, die die deutsche Einkommensteuer ganz allgemein als Mindestsatz auch vom kleinsten Einkommen erhebt[1].

In dem 12. Monatsbericht des Generalkommissars an den Völkerbund (veröffentlicht Februar 1924) wird eine Übersicht über die Steuererträge pro Kopf der Bevölkerung in Österreich gegeben, die auszugsweise mitgeteilt sei.

Es betrugen die öffentlichen Abgaben auf den Kopf der Bevölkerung in Goldkronen: (Siehe Tabelle auf S. 51!)

Die in dieser Tabelle ausgewiesene Steuerlast[2] wird in dem Bericht

---

[1] Die Ermäßigung des Steuersatzes nach Maßgabe des Familienstandes um 1 v. H. für jedes Kind usw. ändert nichts an dem Urteil, daß die Einkommensteuer in Österreich mit 1,1 v. H. beginnt, in Deutschland mit 10 v. H.; denn auch die österreichische Einkommensteuer kennt natürlich Abzüge für Haushaltungsangehörige.

[2] Die Monopolerträge fehlen in dieser Übersicht. Sie sind jedoch nicht, wie der Finanzminister in seiner Kritik an dem Bericht des Generalkommissars getan hat, mit dem Rohertrag von 15,38 für 1913 und 14,35 für 1923 einzusetzen, sondern als steuerliche Belastung nur mit dem Reinertrag von 8,82 für 1913 und dementsprechend für 1923 vielleicht mit 8,00 Kr.

Steuerbelastung und Wiedergutmachung.

Einnahmen	Budget 1924	Reformplan 1925	Rechnung 1913	1913 zu 1924 mehr bzw. weniger
Zölle	13,23	15,38	6,85	6,38
Ein- und Ausfuhrabgaben	0,97	1,08	—	0,97
Verbrauchssteuern . . .	5,95	4,92	14,32	— 8,37
Direkte Steuern	16,20	10,06	14,77	1,43
Eisenbahnverkehrssteuern	0,26	11,69	0,97	— 0,71
Gebühren	24,06	17,54	8,15	15,91
	60,67	60,67	45,06	15,61

des Völkerbundkommissars nachdrücklich für Österreich als übermäßig und auf die Dauer nicht tragbar erklärt. Der Generalkommissar befürchtet, daß Steuern von der Höhe, wie sie sich derzeit in Österreich in Kraft befinden (die wichtigsten Steuersätze im Vergleich zu den in Deutschland geltenden wurden mitgeteilt), die Wirtschaft erdrosseln und darum in ihrer Nachhaltigkeit und Ergiebigkeit versagen müssen. Er warnt deshalb nachdrücklich in seinem Bericht vor einer weiteren Anspannung der Steuern!

Vergleichen wir damit die deutsche Steuerleistung: es beträgt nach den Voranschlägen für 1924 der Ertrag aus Zöllen und Reichssteuern in Deutschland 81 Mk. = 95 Goldkronen und einschließlich der eigenen Steuern der Länder und Gemeinden 109 Mk. oder 128 Kronen Gold.

Frage: Kann die deutsche Wirtschaft so viel mehr leisten, wenn ein Vertreter des Völkerbundes die um so viel geringere Steuerlast Österreichs als untragbar für die österreichische Wirtschaft ansieht?! Die folgenden Abschnitte werden versuchen, die Antwort zu geben oder wenigstens Beiträge zur Beantwortung dieser Frage zu liefern.

Zu einer erschöpfenden Darstellung der steuerlichen Belastung in Deutschland wäre es erforderlich, ein Bild aller steuerlichen Maßnahmen seit 1919 zu geben, um am Schlusse das heute geltende Steuersystem dem vor dem Kriege in Deutschland in Kraft befindlichen gegenüberzustellen. Das würde jedoch eine selbständige umfangreiche Studie beanspruchen. Es sollen deshalb hier nur einige Beispiele gegeben werden.

Der Höchstsatz der staatlichen Einkommensteuer betrug vor dem Kriege bei den meisten deutschen Staaten 5 v. H. Die Anfangssätze lagen zwischen 0,3 und 0,5 v. H. Nun erhielt vor dem Kriege die Einkommensbelastung ihr finanzielles Schwergewicht freilich weit weniger durch die Staatssteuern als durch die gemeindlichen Zuschläge. Die durchschnittlichen Zuschlagssätze zur umlagefähigen preußischen Staatseinkommensteuer betrugen 1913 187 v. H.; in den Städten von 100 bis 200000 Einwohnern nur 176 v. H., in den Städten über 200000 Einwohner (ohne Berlin) 170 v. H. und in Berlin 100 bis 110 v. H. Die gesamte Belastung durch staatliche und gemeindliche Einkommensteuern betrug somit je nach der Größe des Einkommens durchschnittlich etwa 1 bis 14 v. H. Heute beträgt die Mindestbelastung durch die Reichseinkommensteuer 10 v. H., und die Staffelsätze steigen, wie schon erwähnt, für die einen gewissen Betrag übersteigenden Teilbeträge des Einkommens bis auf 60 v. H., so daß sich für hohe Einkommen Gesamtbelastungen von über 50 v. H. ergeben. Die Verschärfung der Einkommensteuer zeigt folgende Übersicht:

Einkommensteuer für einen verheirateten Steuerpflichtigen mit zwei Kindern.

Einkommen in Friedensmark Mark	Belastung vor dem Kriege[1] v. H.	Belastung nach dem Gesetz vom 29. März 1920 v. H.	Belastung nach dem Gesetz vom 23. Dez. 1922 v. H.
1 500	1,8	—	11,1
5 000	7,2	3,3	22,6
15 000	9,0	12,4	37,1
100 000	12,2	32,9	56,1
500 000	12,2	50,2	59,2

Der Bericht des ersten Sachverständigenkomitees der Dawes-Kommission befaßt sich auch mit der deutschen Einkommensbesteuerung und kommt dabei zu Schlußfolgerungen, die nicht unwidersprochen bleiben dürfen. Es wird darauf verwiesen, „daß im wesentlichen selbst im Jahre 1920 die tatsächliche Steuerlast (in Gold berechnet) bei den größeren Einkommen statt 50—60 v. H. nur die Hälfte von den Sätzen für das Einkommen des Jahres (in Gold berechnet) betrug."

Dazu ist zu bemerken: höhere Sätze werden auch bei den Einkommensteuern der Alliierten entweder überhaupt nicht entrichtet (Italien), oder aber doch nicht schon bei so niedrigen Einkommen, wie das in Deutschland der Fall ist, sondern erst bei Einkommen, die in solcher Höhe in Deutschland nur ganz vereinzelt vorkommen. Des weiteren sind die

---

[1] Gesamtbelastung nach dem preußischen Einkommensteuergesetz vom 24. Juni 1891, 19. Juni 1906 und nach dem Gesetz vom 26. Mai 1909 einschließlich gemeindlicher Zuschläge von 180 v. H.

deutschen Steuersätze infolge der Geldentwertung in Verbindung mit den Veranlagungsvorschriften nicht vom **effektiven Einkommen**, sondern in erheblichem Umfange von **Scheingewinnen** erhoben, also aus der Vermögenssubstanz gezahlt worden. Es sind in zahlreichen Fällen ganz erhebliche Einkommensteuern von Unternehmungen gefordert und entrichtet worden, die überhaupt kein wirkliches Einkommen, sondern im Gegenteil Verluste aufwiesen. Steuersätze, die auch von Scheingewinnen bezahlt werden müssen, verlangen aber eine ganz andere Würdigung als solche, die nur von wirklichem Einkommen zu entrichten sind.

Gewiß ist es richtig, wie der Bericht sagt, „daß eine **andauernd sinkende Währung** vielen Kreisen unter den Geschäftsleuten **einen über das gewöhnliche Maß hinausgehenden Gewinnanteil an der Gesamterzeugung der Wirtschaft** verschaffen kann." Ebenso gewiß aber ist es, daß die Inflation für die Mehrzahl der Bevölkerung genau das Gegenteil bedeutet. Nicht nach den wenigen Ausnahmen, sondern nach der allgemeinen Regel sind die Steuergesetze einzurichten und ist ihre Wirkung zu beurteilen.

Die Vermögenssteuer war vor dem Kriege wie die Einkommensteuer eine Landesabgabe. Sie betrug 0,5 bis 1 v. T. in den verschiedenen Ländern. Die an Stelle der aufgehobenen Landesvermögenssteuern getretene allgemeine Vermögenssteuer des Reiches beträgt mindestens 3 v. T., im allgemeinen jedoch 5 v. T. und steigt auf 7,5 v. T. Diese fortdauernde allgemeine Vermögensbesteuerung, die weder Frankreich noch Großbritannien kennen, ist besonders bei einem Vergleich der Erbschaftssteuersätze dieser Länder mit der deutschen Erbschaftsbesteuerung nicht außer acht zu lassen. Die finanzpolitische Funktion der Erbschaftssteuer wird vollkommener durch eine fortdauernde Vermögensbesteuerung erfüllt. Treten fortdauernde Vermögenssteuern und Erbschaftssteuern nebeneinander, so müssen sie auch zusammen gewürdigt werden. Die periodische Vermögensbesteuerung durch die Erbschaftssteuer beträgt in Deutschland abgestuft nach dem Verwandtschaftsgrad 1,5 bis 14 v. H., steigend nach der Größe der Erbportion bis zum Fünffachen dieses Satzes, also 70 v. H.

Der Ertrag der deutschen Erbschaftsbesteuerung ist von den Gutachtern des Dawes-Komitees als „von fast jedem Standpunkt aus gesehen außerordentlich niedrig" bezeichnet worden. Ohne die Wirkung der Beziehung zwischen der Erbschaftssteuer und der allgemeinen Vermögenssteuer außer acht zu lassen, glauben die Gutachter doch sagen zu können, daß an dieser Stelle noch reichlich Raum für eine erhöhte Besteuerung sei. Diese Behauptung zeigt deutlich, wie schwer es selbst Fachleuten fällt, die mit aller Unvoreingenommenheit an ihre Untersuchung herantreten, sich in ein fremdes Abgabesystem hineinzudenken. Die Gutachter haben zwar ihrer Darlegung die beherzigenswerten, von großer allgemeiner Einsicht zeugenden Worte vorausgeschickt: „Das Komitee erkennt an, daß das Steuerwesen jeder großen Nation das Ergebnis vieler Faktoren ist, zu denen ihre geschichtliche Entwicklung, ihre wirtschaftliche Lage, ihre politischen Ideen, ihre Verfassung und ihre soziale Psychologie gehören. Ein System, das für ein Land taugt, kann für ein anderes völlig unannehmbar sein. Selbst wenn sich in zwei Systemen dieselben Elemente vorfinden, kann die Wichtigkeit dieser Elemente für das Ganze ganz verschieden sein." Und weiter: „Das Komitee möchte vermeiden, Lehren über die Art und Weise zu erteilen, in der eine gegebene Summe von der deutschen Regierung aufgebracht werden soll."

Aber leider lassen die Schlußfolgerungen, die von den Gutachtern gezogen werden, nicht erkennen, daß sie sich immer an diese Richtlinien gehalten haben. Das gilt insbesondere auch von ihrer Kritik der deutschen Erbschaftsbesteuerung. Es ist schon nur halb richtig, wenn das Komitee meint, die jährliche Vermögensbesteuerung weise die Neigung auf, „ein Teil des Einkommensteuersystems zu werden und einen scharfen Unterschied zwischen Einkommen aus Arbeit und aus Kapitalanlagen zu machen". Das war früher bei den sehr mäßigen einzelstaatlichen Vermögenssteuern, die darum auch den Namen Ergänzungssteuern trugen, der Fall und trifft heute noch bei einigen schweizerischen Kantonen zu. Die allgemeine Vermögensbesteuerung aber ist heute in Deutschland so hoch und dazu treten noch Sonderbelastungen des Gesamtvermögens wie einzelner Vermögensteile der verschiedensten Art, die eine solche Höhe erreichen, daß sie zu einer reellen Vermögensbesteuerung werden und nicht einfach als eine bloße höhere Belastung fundierter Bezüge gedeutet werden können. Das Komitee hat sich weislich gehütet, seine Behauptungen durch Zahlenbeispiele zu belegen. Hätte es den Versuch gemacht, der gar nicht schwer gewesen wäre, in vergleichbarer Weise die Vermögens-, Erbschafts- und Einkommensbesteuerung Großbritanniens, Frankreichs und Deutschlands gegenüberzustellen, der Vergleich wäre nicht zu ungunsten Deutschlands ausgefallen.

Wie schon so oft, zeigt sich auch hier wieder, daß es Aufgabe sein muß, die deutsche Steuerpolitik mehr auf den Friedensvertrag oder besser vielleicht die Mentalität der Alliierten abzustellen. So war es gewiß ein Fehler, nach dem Kriege die direkten Steuern zu überspannen, die Anpassung der Verbrauchssteuern an die Geldentwertung aber zu vernachlässigen. Die heftigen Angriffe Lloyd Georges auf der Londoner Konferenz gegen Deutschlands Steuerwilligkeit sind darauf zurückzuführen. Ebenso ist es ein politischer Fehler, das deutsche Steuersystem, wo nicht zwingende ökonomische Gründe vorliegen, in seinen großen Grundlagen abweichend von dem der Alliierten, besonders demjenigen Englands, zu gestalten. Vor allem ist die übertriebene Vielfältigkeit des deutschen Steuersystems, die nur zersplitterte Steuerleistungen in Erscheinung treten läßt, die dann als lächerlich niedrig gedeutet werden, zu vermeiden. Und ebenso sind die zahlreichen sogenannten einmaligen und außerordentlichen Steuerzugriffe, die bei der Frage nach Deutschlands Steuerlast von den Alliierten überhaupt kaum gewürdigt werden, künftig unbedingt abzulehnen. Wird man sich veranlaßt sehen, die Erbschaftsbesteuerung nach den Wünschen der Gutachter zu gestalten, so wird eine Herabsetzung der allgemeinen Vermögenssteuer und vielleicht einzelner anderer Vermögenssteuern unvermeidlich sein.

Die Verbrauchsbelastung durch Reichs-, Landes- und Kommunalabgaben zeigt folgende Übersicht:

Steuerbelastung des Verbrauchs in Prozenten des Geldaufwandes (Kleinverkaufspreises).

	Vor dem Kriege[1]	1924
	v. H.	v. H.
Bier in Norddeutschland .	8,9	10, daneben Gemeindesteuern bis 5 v. H. des Kleinverkaufspreises
Wein	5,1	20, daneben Gemeindesteuern bis 5 v. H.
Schaumwein	18,6	30, daneben Gemeindesteuern bis 15 v. H.
Branntwein	28,9	30—40, daneben Gemeindesteuern bis 15 v. H.
Zigaretten	19,7 (mit Zoll 20,5)	40, (mit Zoll 44 v. H.)
andere Tabakfabrikate . .	16,8 (mit Zoll 13,6)	20, (mit Zoll 25 v. H.)

[1] Die Ziffern dieser Spalte sind in der Hauptsache der sorgfältigen Untersuchung von Lißner, „Die Zukunft der Verbrauchssteuern in Deutschland", 1914, S. 31, entnommen, auf die für die Berechnung hier verwiesen werden muß.

Diese Ziffern zeigen deutlich, in welch starkem Ausmaße die Steuerbelastung in Deutschland nach dem Kriege gesteigert worden ist. In ähnlicher Weise können wir heute einwandfrei zeigen, daß die Tarifsätze für fast alle gleichartigen Steuern vom Einkommen und Vermögen, vom Verkehr und vom Verzehr in Deutschland höher sind als bei den im Wiedergutmachungsausschuß vertretenen Mächten. Wie der Völkerbundkommissar für Österreich (bei niedrigeren Steuersätzen als in Deutschland) eine Steuerüberlastung festgestellt hat, so haben die zur Brüsseler Konferenz delegierten Sachverständigen eine bis an die Grenzen des finanzpolitisch Zulässigen gehende Anspannung der direkten Steuern für Deutschland festgestellt. In ihrem Bericht heißt es:

„Die gegenwärtigen Tarife für die direkten Steuern scheinen bis auf das Höchstmaß gesteigert worden zu sein, vielleicht wird man sogar, wenn die Veranlagung wieder in Ordnung ist und die Steuern vollen Ertrag bringen, zu der Feststellung kommen, daß im Interesse des fiskalischen Ergebnisses, welches mit dem wirtschaftlichen Wohlstand Deutschlands eng verbunden ist, eine Ermäßigung gewisser direkter Steuern zu erwägen sein wird, besonders derjenigen, die auf Handel und Industrie lasten." [1]

Wenn die Steuerbelastung in Deutschland bisher vielfach nicht richtig gewürdigt worden ist, so hat das (soweit nicht der gute Wille zu einer gerechten Würdigung überhaupt fehlte) mancherlei Gründe. Zunächst lag es daran, daß das rasende Tempo der Geldentwertung die unmittelbaren Steuerleistungen oft als lächerlich gering erscheinen ließ, wobei übersehen wurde, daß die Inflation selbst eine Steuer ist, die mit Geißelhieben ihren Ertrag eintreibt. Keine im Wiedergutmachungsausschuß vertretene Macht trägt diese entsetzlichste aller Steuern in gleichem Ausmaße wie das deutsche Volk. Denn was man der Inflation auch nachsagen mag, daß sie untragbare Steuern tragbar mache, daß sie Steuerleistungen entwerte, alles das vermag doch die brutale Härte, mit der diese Steuer an die Existenz der deutschen Wirtschaft gegriffen hat, Not, Elend, Verzweiflung verbreitend, nicht zu mildern. Sodann lag die Unterschätzung der deutschen Steuerleistung aber auch daran, daß nicht nur die Bedeutung gewisser großer Steuern (Umsatzsteuer, Kohlensteuer) nicht richtig gewürdigt wurde, sondern daß auch

---

[1] Agence Havas, 2. Februar 1921, abgedruckt Reichstagsdrucksache Nr. 1640, S. 99.

andere sehr ergiebige Abgaben gar nicht in Rechnung gestellt worden sind. Das gilt vor allem von der langen Reihe der einmaligen Steuern, die seit 1919 erhoben worden sind.

Da ist zunächst das Reichsnotopfer (Gesetz vom 31. Dezember 1919) zu nennen, eine große Abgabe vom Vermögen in Höhe von nicht weniger als 10 bis 60 v. H., die doch nur teilweise durch die Geldentwertung überholt worden ist. In dem gleichen Jahre 1919 wurden zwei sogenannte Kriegsabgabengesetze verabschiedet, die, obwohl während des Krieges wiederholt Kriegsgewinnsteuern erhoben worden waren, noch einmal sämtliche Mehreinkommen und Vermögensvermehrungen während des Krieges einer scharfen Besteuerung unterwarfen. Die Sätze waren für das Mehreinkommen 5 bis 70 v. H. und für den Vermögenszuwachs 10 bis 100 v. H. Nach dieser Staffelung konnte in keinem Falle den Steuerpflichtigen mehr als 172 000 Mk. Vermögenszuwachs verbleiben. Auch die Härte dieser Steuer ist durch die Geldentwertung gemildert worden, ja ihre Durchführung ist dadurch vielleicht erst möglich geworden.

Weiter ist das Gesetz zur Sicherung der Brotversorgung im Wirtschaftsjahr 1923/24 zu nennen (Gesetz vom 23. Juni 1923), welches die öffentliche Brotversorgung und damit die Sonderbelastung der Landwirtschaft, bestehend in der Hergabe eines Teiles ihrer Ernte zu ermäßigten Preisen, aufhob. Zweck des Gesetzes ist es, die Kosten, welche die Brotversorgung der ärmeren Bevölkerungsschichten erfordert, durch eine allgemeine steuerliche Belastung aufzubringen. Um der überlasteten Gesetzgebung wie der Finanzverwaltung die Einführung einer neuen Steuer zu ersparen, wählte der Gesetzgeber den Weg des Zuschlags auf eine in der Veranlagung begriffene Abgabe, und zwar den Zuschlag zur Zwangsanleihe. Alle zwangsanleihepflichtigen natürlichen und juristischen Personen, Personenvereinigungen und Vermögensmassen haben ein Mehrfaches des Betrags der endgültig festgesetzten Zwangsanleihe als Brotversorgungsabgabe zu entrichten. Die Abgabe war durch Verbindung mit dem Roggenpreis auf wertbeständige Grundlage gestellt.

Eine Reihe weiterer schwerer einmaliger Belastungen brachte die „Erhebung eines Opfers für Rhein und Ruhr" (Gesetz vom 11. August 1923). Es war das eine außerordentliche Abgabe, die in der Hauptsache ein Mehrfaches der ordentlichen Einkommen- und Körperschaftssteuer für 1923/24 betrug. Gleichzeitig wurde von industriellen, gewerblichen und Handelsbetrieben auf die Dauer von sechs Monaten eine außerordentliche Betriebsabgabe erhoben, die sich auf nicht weniger als das Zweifache der Beträge belief, die die Arbeitgeber als Lohnsteuer (§ 46 des Einkommensteuergesetzes) für ihre Arbeitnehmer einzubehalten und an das Reich abzuführen haben. Für landwirtschaftliche Betriebe stellte sich die Abgabe auf 1,50 Goldmark monatlich für je 2000 Mk. Wehrbeitragswert des ländlichen Besitzes.

Schließlich muß auch noch der Währungshypothek gedacht werden, die durch die Verordnung über die Errichtung der deutschen Rentenbank vom 15. Oktober 1923 dem deutschen Besitz auferlegt worden ist. Danach sind die Landwirtschaft einerseits, Industrie, Gewerbe und Handel andererseits mit einer Gesamtschuld von 3200 Millionen Rentenmark belastet worden, deren Zinsen in Höhe von 6 v. H. nach dem Goldwert zur Zeit der Zahlung in Rentenmark zu entrichten sind. Die Belastung ruht auf den einzelnen Betrieben und Unternehmungen in Form von Grundschulden und Schuldverschreibungen.

Die Zahl der Steuerbelastungen der deutschen Wirtschaft und der steuerlichen Eingriffe in die Substanz des deutschen Volksvermögens während der letzten Jahre ist mit dieser Aufzählung lange nicht erschöpft. Zu den Belastungen steuerlicher Art müssen nämlich auch jene Maßnahmen gerechnet werden, die dem Zweck der finanziellen Mittelbeschaffung nicht in der hergebrachten Form der Besteuerung, sondern im Wege anderer zwangsweiser Inanspruchnahme der privaten Wirtschaften zu genügen suchten. Die deutsche Finanzpolitik der Nachkriegszeit hat sich nämlich zur Deckung des öffentlichen Bedarfes neben der Besteuerung noch eine Reihe von finanziellen Zwangsmaßnahmen — einer Art **moderner Leiturgien** — bedient, die in ihrer Form als verschleierte, in ihrer Wirkung als durchaus echte Steuern zu bezeichnen sind.

Als erste solcher Quasisteuern i. e. S. ist die **Zwangsanleihe** zu nennen (Gesetz vom 20. Juli 1922), die sich auch in Deutschland wie immer, wo in Zeiten der Not solche Anleihen auferlegt wurden, als eine reelle Vermögensbesteuerung oder als eine teilweise Vermögenskonfiskation erwiesen hat. Denn der Börsenkurs dieser Anleihe war schon kurze Zeit nach ihrer Auflegung nur 60 v. H. Rund $^2/_5$ des gezeichneten Betrages sind also als echte Steuer anzusprechen.

Die Verordnung über die Ablieferung ausländischer Vermögensgegenstände vom 25. August 1923, welche die Zwangsanleihepflichtigen (bzw. diejenigen, welche die Brotversorgungsabgabe zu entrichten hatten) zur Ablieferung von ausländischen Zahlungsmitteln (Devisen) oder anderen Goldwerten verpflichtete, bescherte den Betroffenen gleichfalls eine Quasisteuer. Denn obwohl für diese Werte eine Vergütung gewährt wurde, so war diese doch keineswegs den abgelieferten Vermögensgegenständen gleichwertig, da man sich ja sonst nicht des harten Zwanges hätte zu bedienen brauchen.

Ein Gleiches gilt übrigens auch von der Verpflichtung des Handels, den Verkauf von Waren nach dem Auslande nur gegen Bezahlung in hochwertigen ausländischen Währungen vorzunehmen und die Exportdevisen, mindestens aber 30 v. H. des Ausfuhrwertes, alsbald nach der Ausfuhr in hochwertigen ausländischen Zahlungsmitteln an die Reichsbank abzuführen (Verordnung über Ausfuhrdevisen vom 2. November 1923). Die Vergütung für die abgelieferten Devisen erfolgte nämlich nach dem zwangsweise festgesetzten Einheitskurs für ausländische Zahlungsmittel, der zeitweilig bis zu 50 v. H. und mehr unter dem freien Kurs der Auslandsbörsen stand.

Aus allen diesen Maßnahmen hat der Staat finanzielle Vorteile, ja er hat "Einnahmen", die nach dem Zwangscharakter ihrer Beschaffung und nach ihrer Verwendungsbestimmung als Einnahmen steuerlicher Art bezeichnet werden müssen. Daneben hat das Deutsche Reich sich auch zu einer Reihe finanzieller Maßnahmen gezwungen gesehen, die ihm gleichfalls erhebliche finanzielle Vorteile gewähren, aber nicht durch Einnahmegewinnung, sondern durch Ausgabeersparnis. Für die unmittelbar davon Betroffenen bedeuten auch diese Maßnahmen finanzielle Belastungen steuerlicher Art. Es sind Quasisteuern im weiteren Sinne.

An erster Stelle sind hier die "Entschädigungen" zu nennen, die in Ausführung des Friedensvertrages den enteigneten Auslandsdeutschen und den aus den abgetretenen Gebieten ausgewiesenen Deutschen gewährt werden sollen. Um es kurz zu sagen, das Reich hat sich außerstande erklärt, den ihm im Friedensvertrag auferlegten Entschädigungsverpflichtungen nachzukommen. Nach mehrfacher Abänderung der gesetzlichen Bestimmungen zahlt das Reich nunmehr den um ihre Habe gebrachten Deutschen zwei Tausendstel, d. i. einen winzigen Teil des wirklichen Wertes der den Berechtigten entzogenen Güter und sonstigen Werte, während für das liquidierte Eigentum dem Reich der Goldwert auf Reparationskonto gutgeschrieben wird[1]. Nicht nur diese Verdrängungs-, Kolonial- und Auslandschäden haben eine völlig ungenügende Vergütung gefunden, sondern alle Entschädigungsansprüche und Ersatzforderungen, die deutschen Staatsangehörigen für Maßnahmen der Alliierten gegen das Reich zustehen, haben zu schweren finanziellen Benachteiligungen der Berechtigten geführt, die sich in ihrem Ausmaß zwischen Besteuerung und Konfiskation halten. Das gilt für die Bezahlung der Sachlieferungen, gilt für die Entschädigungen, für Beschlagnahmungen und Requisitionen der Besatzungsarmee, gilt für die Rückvergütung der 26%igen Ausfuhrabgabe sowie eine lange Reihe anderer Forderungen. Einen erheblichen Teil dieser Verpflichtungen hat das Reich aus finanziellen Gründen der Natur von Rechtsansprüchen und der gerichtlichen Einklagbarkeit entkleidet und dem sogenannten Abgeltungsverfahren unterworfen. Nach der Verordnung über die Erweiterung des Abgeltungsverfahrens für Ansprüche gegen das Reich vom 24. Dezember 1923 sind die Entschädigungen für alle Ansprüche, die aus Anlaß des Krieges und der Übergangswirtschaft oder gelegentlich der politischen Umwälzungen der Nachkriegszeit oder der in Zusammenhang damit getroffenen Abwehrmaßnahmen erwachsen sind, im Wege der Abgeltung, d. h. nicht nach ihrer wirklichen Höhe, sondern nach Maßgabe der Finanzlage des Reiches zu vergüten. Das Reichsentlastungsgesetz, das Liquidationsschädengesetz, das Reichsausgleichsgesetz und die verschiedenen Abgeltungsverordnungen sind natürlich keine Steuergesetze, aber sie sind finanzielle Gesetze; ihr ausgesprochener Zweck ist ein finanzieller, der nämlich, das Reich finanziell zu entlasten. Für das Reich bedeuten diese Maßnahmen also zwar keine Einnahmen, aber verringerte Ausgaben und für die Betroffenen mehr oder weniger erhebliche Vermögenseinbußen.

Verringerte Ausgaben hat auch die Geldentwertung dem Reich als Schuldner gebracht. Die Konsequenzen zieht die dritte Steuernotverordnung, die den Anspruch der Gläubiger auf Kapital und Zinsen an sämtlichen deutschen Reichs-, Staats- und Kommunalanleihen, die vor dem 14. Februar 1924 begeben worden sind und auf Reichsmark lauten, aufgehoben hat; d. i. eine Besteuerung oder Enteignung aller Gläubiger öffentlicher Körperschaften.

---

[1] Reichsentlastungsgesetz vom 4. Juli 1923 in Verbindung mit dem Liquidationsschädengesetz und dem Reichsausgleichsgesetz vom 24. April 1920.

Steuerbelastung und Wiedergutmachung.

Kaum eine Bevölkerungsschicht ist von Maßnahmen dieser und ähnlicher Art verschont geblieben. Die Mieterschutzgesetzgebung, die den Hauseigentümer zwingt, seinen Mietern die Wohnung zu einem Bruchteil des wirklichen Mietwertes zu überlassen, hat den Hausbesitzer enteignet. Auch das bedeutet verringerte Ausgaben der öffentlichen Körperschaften für alle ihre Angestellten und Arbeiter, deren Gehälter und Löhne sonst entsprechend höher sein müßten.

Die finanzielle Not hat Reich und Länder weiterhin gezwungen, die Beamtenbesoldungen, sowie die Löhne der Arbeiter öffentlicher Unternehmungen bis an die Grenze des Zulässigen, wenn nicht darüber hinaus, herabzusetzen. Das hat auch das Dawes=Komitee anerkannt. In dem ersten Teil seines Berichtes, der die allgemeinen Schlußfolgerungen und die großen Umrisse des Planes enthält, wird (Abschnitt IX) ausdrücklich erklärt, daß man mit Erhöhungen in den Besoldungsausgaben des Reiches rechnen müsse. Und noch deutlicher ist der Allgemeine Bericht über die deutschen Eisenbahnen (Anlage 3), der erklärt: „Die Beamtengehälter sind besonders in den oberen und mittleren Gruppen ganz unzureichend." Es ist ja auch in der deutschen Presse oft gezeigt worden, wie der Sold eines gemeinen Soldaten der Besatzungstruppe höher ist als der Gehalt der meisten Beamtenkategorien. Diese Gehaltskürzungen sind Sondersteuern (Besoldungssteuern) in ihrer Wirkung zum mindesten sehr ähnlich. Es ist auch selbstverständlich, daß diese geschmälerten, oft nur ein Drittel bis die Hälfte der Friedenssätze betragenden Gehaltsbezüge, zumal angesichts der gestiegenen Lebenshaltungskosten, nur wenig steuerkräftig sind. Dennoch sind sie mit einer Einkommensteuer von 10 v. H. belastet, die im Wege des Abzugs bei der Auszahlung erhoben wird.

Noch manche andere Tatsachen für die finanziellen Belastungen, denen die deutschen Staatsangehörigen unterworfen und wie sie ähnlich bei keinem anderen Volk zu finden sind, ließen sich anführen. Doch möge das Gesagte genügen. Nur sei der Hinweis noch gestattet auf die besonders schweren finanziellen Sonderbelastungen, denen die Bewohner der besetzten Gebiete unterworfen sind, ohne daß das Reich in der Lage wäre, sie für Quartierlasten, Zwangslieferungen usw. überhaupt oder angemessen zu entschädigen. Ein Beispiel sind die sogenannten Micumverträge, das sind die von der „Mission de contrôle des usines et des mines" von den Ruhrindustriellen erzwungenen Abkommen über die unentgeltliche Lieferung von 18 v. H. der Kohlen=

förderung, über die Zahlung von 15 Millionen Dollar angeblich rück-
ständiger Steuern (obwohl diese teilweise schon an die Reichskasse entrichtet wurden) und einer weiteren Abgabe von 10 Franken für die
Tonne der verkauften Kohlenförderung. „Die Micumverträge kosten
allein der Kohlenindustrie monatlich 55 bis 60 Goldmillionen Mark,
dazu kommen die Abgaben der Eisenindustrie, der chemischen Industrie und der übrigen Industrien, so daß man mit einer monatlichen Abgabe
von 80 Goldmillionen rechnen muß."[1] Treffen diese Lasten zunächst
auch nur begrenzte Kreise, so wirken sie sich doch weit darüber hinaus
in der allgemeinen Wirtschaftslage und Steuerkraft aus.

Das Ergebnis dieser Betrachtung aber ist: es gibt keine Klasse und
keinen Stand in Deutschland, die nicht neben den allgemeinen Steuern
noch durch finanzielle Sonderbelastungen (Quasisteuern im engeren
oder weiteren Sinne) zugunsten des Reiches beschwert worden wären,
wie eine kurze Aufzählung das zum Schluß noch einmal zeigen möge:

Einstellung des Zinsendienstes für alle Gläubiger öffentlicher
Korporationen;

Zwangsbewirtschaftung zahlreicher Erzeugnisse der Landwirtschaft,
der Industrie und des Handels mit Höchstpreisen, die unter dem freien
Marktwert liegen;

Verpflichtung zur Devisenablieferung gegen unzureichendes Entgelt;
Kürzung der Gehälter und Löhne öffentlicher Angestellter und Arbeiter
bei gleichzeitiger Erhöhung der Arbeitszeit und Verringerung der
Urlaube;

Mieterschutzgesetzgebung;

Vergütung für erlittene Verdrängten-, Kolonial- und Auslands-
schäden mit nur 2 v. T. des Goldwertes;

Abgeltung sonstiger Ansprüche an das Reich, nicht nach Maßgabe
der berechtigten Forderungen, sondern der Finanzlage des Reiches;

unzulängliche, d. h. hinter dem Friedenswert zurückbleibende Auf-
wertung der berechtigten Ansprüche von Sozialrentnern, Invaliden,
Pensionsempfängern usw.

Für die Frage der Steuerbelastung in Deutschland hat das Ausland
diese finanziellen Leistungen und Bürden niemals in Rechnung gestellt,
ja sie sind ihm offenbar in ihrer Mehrzahl so gut wie unbekannt; um so
mehr Anlaß haben wir immer wieder, nachdrücklich darauf hinzuweisen.

---

[1] Klöckner im preußischen Staatsrat am 24. Januar 1924.

Die Höhe der direkten Steuerlasten in Deutschland ist, wie schon erwähnt, gelegentlich auch von den Gegnern Deutschlands anerkannt worden; viel häufiger aber ist der Hinweis auf die Höhe der deutschen direkten Steuerlasten mit der Behauptung abgelehnt worden, diese Steuern ständen nur auf dem Papier. Die Organisation der Steuerverwaltung, der Veranlagung und Erhebung versage vollständig. Es blühe Steuerhinterziehung und Kapitalflucht, und die Verwaltung habe weder die Fähigkeit noch den Willen einzugreifen. Demgegenüber kann heute darauf hingewiesen werden, daß für die Sicherung des Steuerertrages in Deutschland weitgehendere Vorkehrungen getroffen sind, als in irgendeinem anderen Lande. Die Organisation der Reichssteuerverwaltung, die im Interesse der wirklichen und gleichmäßigen Durchführung der Abgaben nach dem Kriege neu geschaffen werden mußte, ist vollendet. Sie hat zu Anfang mit außerordentlichen Schwierigkeiten zu kämpfen gehabt, da zu der Neugestaltung des Behördensystems auch ein neues Steuersystem trat, das in einer Zeit schwerster wirtschaftlicher Erschütterungen durchgeführt werden mußte. Die Schwierigkeiten, die der deutschen Steuerverwaltung außerdem noch im besetzten Gebiet bereitet worden sind und noch bereitet werden, sind ein besonderes Kapitel, von dem noch an anderer Stelle zu reden sein wird. Dennoch ist es gelungen, in den Jahren schwerster wirtschaftlicher und seelischer Belastung in Deutschland ein Finanzverwaltungs- und ein Finanzstrafrecht zu schaffen sowie die Anfänge einer internationalen Finanzrechtshilfe zu begründen, die als erhebliche Fortschritte auf diesem schwierigsten Gebiet von Recht und Verwaltung bezeichnet werden müssen. Im Kampfe gegen Steuerhinterziehung und Steuerbetrug stehen in Deutschland der Finanzverwaltung ganz erhebliche Machtmittel zu Gebote. Finanzpolizeiliche Überwachungsmaßnahmen, ein Fahndungswesen und ein Nachrichtendienst sind ausgebildet worden, wie sie sich vielleicht kein anderes Volk gefallen lassen würde. So weitgehende Auskunftspflichten, Buch- und Betriebsprüfungen und sonstige Kontrollmöglichkeiten, wie die deutsche Finanzgesetzgebung den Behörden verliehen hat, und die von diesen in Anspruch genommen werden, kennen weder das Recht noch die Praxis der französischen und englischen Finanz. Gewiß soll nicht geleugnet werden, daß der Steuerzahler oft genug seine Interessen mit den Listen eines Odysseus wahrt und die Finanzverwaltung in die Rolle des geblendeten Polyphem gedrängt wird, der Schafe und Böcke gleich arglos passieren läßt. Das aber ist nicht allein in Deutschland der Fall. Wir wissen, daß die Veranlagung besonders der direkten Steuern überall hinter der Wirklichkeit zurückbleibt, auch in England [1]. Aber nichts spricht dafür, daß die Defraudationsquote in Deutschland größer ist als anderwärts, oder daß sie bei uns höher ist, als sie nach dem Maß des Steuerdruckes mit einer gewissen ökonomischen Gesetzmäßigkeit sich überall einzustellen pflegt. Das Darwinsche Gesetz, wonach jegliches Geschöpf die Organe und Mittel der Abwehr im Kampfe gegen seine Verfolger immer mehr ausbildet, gilt leider auch hier. Das „Gutachten der internationalen Sachverständigen über die Stabilisierung" hat in der vorsichtigen, zurückhaltenden Art solcher Gutachten selbst die Schranken der Leistungsfähigkeit der Steuertechnik bezeichnet. „Die deutsche Steuergesetzgebung muß berücksichtigen," heißt es da, „daß sie bei einer Besteuerung des Vermögens und Einkommens über gewisse Grenzen hinaus die Kapitalflucht herausfordert, und daß sie selbst durch die drakonischsten Maßregeln diese Kapitalflucht nicht gänzlich verhindern kann" (Gutachten Vissering, Dubois und Kamenka vom 8. November 1922).

VI. Deutschlands Steuerfähigkeit.

Bei der Erörterung der Reparationsfrage während der letzten Jahre ist von einem Teil der Reparationen fordernden Mächte immer wieder auf Deutschlands blühendes Wirtschaftsleben als Symptom seiner Leistungsfähigkeit hingewiesen worden. Die verzweifelte Not der deutschen Bevölkerung, die im Winter 1923/24 verbunden mit einer schweren industriellen und einer schleichend einsetzenden agrarischen Krise ihren Höhepunkt erreichte, hat indessen der ganzen Welt gezeigt, was einsichtige Beurteiler längst gesehen hatten [2], daß es eine Scheinblüte war, die ein Gedeihen der deutschen Wirtschaft vortäuschte, wo in Wirklichkeit hektisches Fieber den Körper zerrüttete. Wirtschaftlicher Morphinismus war es, der den deutschen Wirtschaftskörper mit dem Gift der Inflation immer wieder zu sich selbst verzehrenden Kraftanspannungen aufpeitschte. Vier Jahre ungeheurer Kriegsleistungen und einer mörderischen Blockade und mehr als fünf Jahre der Auszehrung durch die

---

[1] Vgl. J. Stamp, The fundamental Principles of Taxation in the light of moderne developments. London 1921, p. 103. Das wird auch eine demnächst erscheinende Untersuchung von Franz Meisel zeigen.

[2] Man vergleiche die Schrift von Henry Penson, Is Germany prosperous? London 1922.

Inflationswirtschaft haben die Kraft der deutschen Wirtschaft gebrochen und ihre Steuerfähigkeit erschöpft. Das sollte nie außer acht gelassen werden, wenn nach der Schwere des deutschen Steuersystems gefragt wird.

Die Frage der Steuerleistung ist eine Frage der Steuerkraft. Der Wortlaut des Friedensvertrages weist selbst darauf hin, daß es sich bei der Prüfung des deutschen Steuersystems nicht um einen nackten Vergleich von Gesetzestexten und Ziffern handeln soll; es wird nicht zahlenmäßige oder formal gesetzliche Gleichheit der Steuerleistungen oder Steuersätze verlangt, sondern nur, daß Deutschlands Steuersystem im allgemeinen, im Verhältnis ebenso schwer als dasjenige der im Wiedergutmachungsausschuß vertretenen Mächte sei. In der Tat kann der Steuerdruck, und darum handelt es sich hier, niemals durch eine bloße Gegenüberstellung der Kopfbeträge oder Steuersätze verschiedener Staaten gemessen werden, sondern nur dadurch, daß die Steuerbelastung an der Steuerkraft gemessen wird oder das Steueraufkommen auf seine wesentlichen Faktoren zurückgeführt wird.

Vielfach sind die Bedingungen, die die Steuerkraft eines Landes bestimmen. Seine Ausstattung mit natürlichen Kräften und wirtschaftlichen Mitteln, Gliederung und Gesundheitszustand seiner Bevölkerung, Rechts- und Eigentumsverhältnis, dieses alles und manches andere bestimmen Größe, Art, Verteilung und Verwendung des Einkommens einer Volkswirtschaft. Vernachlässigt man die wirkenden Ursachen, d. h. nimmt man die Einkommensverhältnisse als gegeben an, so kann man sagen: die Einkommenstatsachen, d. i. Größe, Art, Verteilung, aber auch die Verwendung des Einkommens, bestimmen die Steuerkraft eines Volkes.

Welches sind diese Tatsachen? Das deutsche Volkseinkommen ist vor dem Kriege auf 40 Milliarden Mark geschätzt worden. Davon dienten vier Fünftel der privaten und öffentlichen Konsumtion und ein Fünftel dem Kapitalzuwachs. Die Lebensunterhaltskosten auf den Kopf der Bevölkerung mit 400 Mk. angenommen, ergeben einen Bedarf oder Verbrauch von 26 Milliarden Mk. Der finanzielle Bedarf der öffentlichen Wirtschaft in Reich, Ländern und Gemeinden betrug 6 Milliarden Mk. Somit verblieben 8 Milliarden Mk. Ersparnisse für den Kapitalzuwachs. Es bestehen nun gar keine Zweifel darüber, daß das Volkseinkommen sich beträchtlich vermindert hat. Der Rückgang der Produktion in Deutschland wird auf ein Drittel bis zwei Fünftel und mehr geschätzt. Diese Schätzung ist jedoch, wenn man den Produktionsrückgang infolge der Ruhrkatastrophe mit einsetzt, noch viel zu niedrig. Aber sehen wir davon ab, so wird man die Gesamtproduktion der deutschen Volkswirtschaft im Vergleich zur Vorkriegszeit auf höchstens 60 v. H. veranschlagen können. Rathenau hat in seiner Rede vor dem Obersten Rat in Cannes einige Gründe für den Ertragsrückgang der deutschen Wirtschaft vorgetragen. Er führte aus:

„Wenn ich das Deutschland von jetzt und früher vergleiche, so fehlen uns zunächst die Reserven, die wir aus den Anlagen im Auslande hatten. Vor dem Kriege waren wir aus diesen Quellen mit 1,5 Milliarden aktiv, jetzt sind wir mit ¾ Milliarden passiv.

Der zweite Faktor ist der Verlust an Gebiet und Bevölkerung. Gegenüber der Zeit vor dem Kriege haben wir daran mehr als 10 Prozent verloren.

Der dritte Faktor ist der Rückgang der Ausfuhr. Die Ausfuhr hat sich von 10 Milliarden Goldmark auf 3,5 oder unter Berücksichtigung des Weltindexes auf 2,5 Milliarden vermindert. Die Gewinne daraus sind deshalb ebenfalls entsprechend zurückgegangen.

Ein vierter Faktor: Wir verloren einen großen Teil unserer Rohstoffe, die wir jetzt einführen und mit Goldmark oder Ausfuhr bezahlen müssen.

Der fünfte Faktor ist der, daß sich die landwirtschaftliche Bevölkerung mehr vermindert hat als die Gesamtbevölkerung, und daß gerade landwirtschaftliche Überschußgebiete verlorengegangen sind.

Auch der sechste Faktor ist sehr beträchtlich. Es handelt sich um die Ermäßigung der Dienste und ihres Ertrages, die Deutschland durch Schiffahrt, Außenhandel und Bankverkehr im Auslande leistete.

Auf Grund dieser Faktoren, wenn sie sich auch zum Teil überdecken, besteht meiner Schätzung nach an Stelle eines Überschusses, einer nationalen Ersparnis von 6 Milliarden Goldmark vor dem Kriege jetzt ein Defizit von 1 bis 2 Milliarden Goldmark jährlich. So zehrt sich das Land allmählich auf; es lebt von seiner eigenen Substanz. Es hat weder die Mittel für Erneuerungen noch für die wirtschaftliche Ausstattung seines Bevölkerungszuwachses."

Damit ist die Reihe der Faktoren, die für die Schmälerung des Volkseinkommens in Deutschland aufgezählt werden kann, jedoch noch nicht erschöpft. Außerdem hat sich die Wirtschaftslage Deutschlands seit der Konferenz in Cannes Anfang Januar 1922 katastrophal verschlechtert. Einige Ziffern über die Produktionsverhältnisse vor und nach dem Kriege mögen das beleuchten.

Folgende Übersicht zeigt den Rückgang der Ernteerträge für einige wichtige landwirtschaftliche Erzeugnisse im jetzigen Reichsgebiet:

	1913	1923	1923 weniger gegen 1913
	Ertrag pro Hektar in Tonnen		v. H.
Winterweizen	2,41	1,97	18,3
Sommerweizen	2,40	1,90	20,8
Winterroggen	1,94	1,54	20,6
Kartoffeln	15,71	11,95	23,9
Zuckerrüben	29,97	22,67	24,4

Der Viehbestand hat im jetzigen Reichsgebiet von 1913 bis 1922 abgenommen an Schweinen um fast 8 Millionen Stück oder 34,9 v. H. und an Rindern um über 2 Millionen Stück oder 11,7 v. H.

Die Steinkohlengewinnung betrug im jetzigen Reichsgebiet im Monatsdurchschnitt 1913 15,84 Millionen Tonnen, hingegen 1922 nur 10,86 Millionen Tonnen. Ähnlich steht es mit dem Rückgang der Roheisenproduktion und der Stahlerzeugung, über die infolge des Ruhreinbruchs für die beiden letzten Jahre allerdings keine genauen Ziffern zur Verfügung stehen. Ein Vergleich der Erzeugung 1913 und 1920 weist im jetzigen Reichsgebiet einen Rückgang für Roheisen von 10,9 auf 6,0 Millionen Tonnen, für Walzwerke (Fertigfabrikate) von 9,5 auf 5,7 und für Eisenguß von 3,3 auf 2,1 Millionen Tonnen Jahresproduktion auf [1].

Noch sehr viel Material bietet die Statistik über den Einfluß des Krieges, des Friedensvertrages und der sonstigen Wirtschaftsstörungen und Umwälzungen der Nachkriegszeit auf die deutsche Produktionsfähigkeit. Dieses Ziffernmaterial auszubreiten, ist hier nicht der Ort. Die Sprache dieser Ziffern ist immer die gleiche; denn sie können nur reden von den ungeheuren Verlusten der deutschen Wirtschaft an Menschen und Mitteln. Es ist daher sehr wahrscheinlich zu hoch gegriffen,

---

[1] Als Quelle für die mitgeteilten und weiterhin gegebenen Ziffern kommen neben dem Statistischen Jahrbuch für das Deutsche Reich vornehmlich in Frage: Wirtschaft und Statistik, herausgegeben vom Reichsstatistischen Amt; ferner die Denkschrift „Material für ein Studium von Deutschlands Wirtschaft, Währung und Finanzen, zusammengestellt im Auftrag der Reichsregierung, Berlin Anfang 1924"; sowie „Die Wirtschaftskurve mit Inderzahlen der Frankfurter Zeitung".

wenn das deutsche Volkseinkommen gegenwärtig mit drei Fünfteln des der Vorkriegszeit, d. i. mit 24 Milliarden Mark, beziffert wird. Bei einer Bevölkerungszahl von 63,5 Millionen ergibt das ein jährliches Einkommen auf den Kopf von 378 Mark. Dieses Einkommen ist nach den Voranschlägen bei einer jährlichen baren Steuerleistung von 109 Goldmark auf den Kopf steuerlich mit 28,8 v. H. belastet, die Inflationssteuer, die steuerartigen Betriebsüberschüsse sowie die Erträge irgendwelcher Quasisteuern nicht eingerechnet!

Aus diesem also mindestens auf drei Fünftel seiner Vorkriegshöhe zusammengeschrumpften Volkseinkommen soll der Kapitalbedarf der deutschen Wirtschaft wie die Lebensnotdurft der öffentlichen und privaten Wirtschaft befriedigt, sollen überdies unter dem Namen Reparationen schwere Kriegskontributionen geleistet werden, von welchen Curzon, der britische Staatssekretär des Auswärtigen, in seiner Note an die französische und belgische Regierung sagte:

„It may be pointed out that the recovery after the short campaign of 1870/71 of an indemnity equivalent to 4 milliards of gold marks is not really comparable to the enforcement of a thirtythree — fold claim against a country financialle exhaustes by four years of strenuous warfare and blockade."

Nach einem Kriege, der alle Lager geleert, alle Vorräte aufgezehrt, das gesamte Inventar der Volkswirtschaft in unerhörtem Maße abgenutzt hat, während dessen langer Dauer die Bautätigkeit fast vollständig ruhte, ist der Kapitalbedarf außerordentlich groß. Nun aber sprechen zahlreiche Symptome dafür, daß es der deutschen Wirtschaft nicht einmal gelingt, den geminderten Kapitalbestand zu erhalten, geschweige denn einen den Fortschritten der Technik und den sozialen und kulturellen Bedürfnissen entsprechenden Kapitalzuwachs der Wirtschaft zuzuführen. Gewiß gibt es Wirtschaftszweige, die wieder aufgebaut, die ihre Produktion erneuert und vermehrt haben; aber was ist das gegen den Verfall an so vielen Stellen. Das Gutachten der Sachverständigen des Dawes-Komitees unterschätzt Deutschlands Kapitalbedarf in gleichem Maße, wie es seine Kapitalausstattung überschätzt. Die große und schwere Aufgabe, vor die sich Deutschland nach den Vorschlägen der Gutachter gestellt sieht, kann zweifellos nur gelöst werden, wenn die deutsche Bevölkerung mit starkem, arbeitsfreudigem Optimismus an sie herantritt. Das Komitee scheint die Dinge jedoch, was dem Gelingen seiner Vorschläge gewiß nicht förderlich ist, mit allzu großem Optimismus zu beurteilen, so wenn es im Bericht des ersten Komitees 1. Teil Abschnitt V heißt: „Deutschlands wachsende und arbeitsame Bevölkerung, seine große technische Geschicklichkeit, sein Reichtum an materiellen Hilfsquellen, die fortschreitende Entwicklung seiner Landwirtschaft, der Hochstand seiner industriellen Wissenschaften gestatten uns einen hoffnungsvollen Ausblick auf seine künftige Produktion. Außerdem hat Deutschland seit 1919 seine Anlagen und seine Ausrüstung dauernd verbessert; die mit der Begutachtung der Eisenbahn besonders betrauten Sachverständigen haben gezeigt, daß zur Verbesserung des deutschen Eisenbahnsystems keine Ausgaben gespart worden sind[1]; das Telephon- und Telegraphennetz ist mit den modernsten Hilfsmitteln ausgestattet worden; gleicherweise sind Häfen und Kanäle ausgebaut worden; die Industriellen waren in der Lage, ihr ganz modernes Inventar noch zu erweitern, so daß in vielen Industriezweigen mehr produziert werden kann als vor dem Kriege."

Wir wollen diesem nur auf flüchtigen Eindrücken beruhendem Urteil das Urteil eines neutralen Sachverständigen gegenüberstellen, der Deutschlands wirtschaftliche Verhältnisse gründlicher und besser kennt, als die meisten Mitglieder des Dawes-Komitees. Der bekannte schwedische Volkswirt Gustav Cassel, der selbst mehrfach als Gutachter zur Reparationsfrage in Anspruch genommen worden ist, schreibt im „Svenska Dagblad" vom 14. April 1924 zu dem Sachverständigenbericht u. a.: „Die Kommission scheint die gegenwärtige Lage Deutschlands ausschließlich als das Ergebnis einer Kreditkrise aufzufassen und setzt große Hoffnungen auf die baldige Wiederherstellung Deutschlands. Das scheint mir eine recht oberflächliche Methode zu sein. Man muß die gegenwärtige Lage des deutschen Volkes, seine Aushungerung, seinen körperlich und geistig geschwächten Zustand und seine stark herabgesetzte Arbeitskraft und Arbeitslust berücksichtigen, ebenso die sehr ungünstige Altersgliederung und die bedenkliche Schwäche der Jahresklassen, welche die Hauptlasten des Schadensersatzes tragen müssen. Ebenso fehlerhaft ist es, die Erscheinungen der sozialen Auf-

---

[1] So sagt der englische Wortlaut: „the experts have shown, that expense has not been spared in improving the German railway system". Der französische Text hingegen lautet: „les experts ont montré avec quel luxe a été perfectionné le système ferroviaire allemand". Während also der englische Wortlaut, nur sagt, daß keine Ausgaben gespart wurden, spricht die französische Übersetzung tendenziöserweise davon, „mit welchem Luxus das deutsche Eisenbahnnetz vervollkommnet worden ist".

lösung und der allgemeinen Geldorganisation zu übersehen. Die materielle Grundlage für ein Wiederaufblühen Deutschlands ist gleichfalls kaum so günstig, wie es die Experten darstellen."

Gegenüber den Behauptungen der Kommission über die starke Verbesserung des Realkapitals seit 1919 bemerkt Cassel: „Der deutsche **Produktionsapparat** war am Ende des Krieges infolge rücksichtslosen Gebrauches und mangelhafter Unterhaltung außerordentlich verschlechtert. Ein Ersatz erfolgte seither sicherlich nur in sehr ungenügendem Umfange, wie die maßgeblichen Produktionsziffern für Eisen und Stahl zeigen. Dazu kommt, daß der Grund und Boden ausgesogen ist und der deutsche Wohnungsbestand sich außerordentlich stark im Rückstand befindet." Cassel schließt: „Man weiß nicht, was man tut, wenn man einem Volke und einem Lande in diesem Zustand drückende Schadenersatzleistungen auferlegt." Ähnlich lauten die Urteile andrer Sachverständigen.

Die erwähnte amerikanische Studie über das Reparationsproblem stellt fest: die deutsche Volkswirtschaft habe schon 1921 am Kapital gezehrt, trotzdem seien 23 v. H. des Volkseinkommens von den Steuern in Anspruch genommen worden [1]. Seither haben sich die Dinge erheblich verschlimmert; um es kurz zu sagen, die deutsche Volkswirtschaft hat keinen Kapitalzuwachs mehr, und sie macht keine Ersparnisse, aus welchen Steuern gezahlt werden können. Sie hat als Steuerquelle nur den Konsumtionsfond.

Der **Konsumtionsfond**, d. i. jener große Teil des volkswirtschaftlichen Einkommens, das dem Verbrauch in seinen hundertfältigen Formen von der dürftigen Existenzfristung der Ärmsten bis zur frivolen Verschwendung eines unsozialen, verantwortungslosen Luxus dient. Er ist immer und in einer verarmten Volkswirtschaft sogar einzige Steuerquelle. Die Steuerkraft eines Volkes wird sonach wesentlich dadurch bestimmt, inwieweit die Lebenshaltung der Bevölkerung aller

---

[1] Vgl. oben S. 1. Die Studie gibt als „rohe Schätzung aus verschiedenen Quellen" die Besteuerungsrate in Frankreich bis 18%, in England mit 30% und in den Vereinigten Staaten mit 14½% des Volkseinkommens an. Infolge der Inflation, wird hinzugefügt, müsse in Deutschland die Besteuerung wohl viel unter 23% geblieben sein; aber die Geldentwertung selbst sei gleichfalls „an enormously heavy indirect tax", die alle, welche Geld einziehen, betreffe. „Under such conditions, who can decide with any confidence wether the rate of taxations is 20, 30 or 40 per cent?" p. 198 und p. 194.

Schichten, vor allem natürlich der Massen, eine Einschränkung verträgt. Denn es ist, wie R. E. May schon vor Jahren gezeigt hat, ein Irrtum, zu glauben, daß vom Verbrauch der besitzenden Kreise der „Zoll= und Verbrauchssteuer=Schornstein des Reiches"[1] rauchen könne. Nein, „die Masse muß es bringen," und die Masse kann es nur bringen, wenn ihr Einkommen einen entsprechenden Verbrauch erlaubt oder groß genug ist, Verbrauchsbeschränkungen im Wege der direkten Besteuerung zu gestatten. In Deutschland sind nicht nur Volksvermögen und Volks= einkommen zusammengeschmolzen, sondern auch Einkommensverteilung und Einkommensverwendung haben sich erheblich geändert. Die Ein= kommen (selbstverständlich immer die Realeinkommen) der unteren Klassen und der Mittelschichten sind auf einen Tiefstand eingeebnet worden, der eine ausreichende Bedarfsbefriedigung kaum noch gestattet, vielfach, vor allem in ehemaligen Rentnerschichten, bei Ruhegehalts= empfängern usw., sogar eine ernstliche Lebensgefährdung bedeutet[2]. Nun kann dem gewiß entgegengehalten werden, daß der Verbrauch an gewissen Dingen (Zigaretten) in Deutschland noch Einschränkungen ver= tragen kann. Allein dieser Verbrauch ist keineswegs ein Symptom der Konsumkraft der deutschen Bevölkerung, sondern er ist nur eine traurige Begleiterscheinung des Währungsverfalles und der Hoffnungslosigkeit der wirtschaftlichen Zustände.

Wie es um die Konsumkraft der deutschen Bevölkerung steht, zeigen die bekannten traurigen Zustände im Wohnungs= und Ernährungs= wesen, um nur diese beiden wichtigsten Gebiete zu nennen. In jeder Stadt, ob groß oder klein, sind Hunderte, ja Tausende von Familien so gut wie obdachlos; die übrigen sind, nicht rechtlich, aber tatsächlich schollen= hörig geworden, weil Wohnungsnot und Übersiedlungskosten fast jeden Ortswechsel unmöglich machen. Über die Größe der Wohnungsnot fehlen leider genaue Ziffern. Eine allgemeine Erhebung über den Wohnungsbedarf ist bisher nicht durchgeführt worden; jedoch zeigen die bei den städtischen Wohnungsämtern vorliegenden Anmeldungen, auch wenn sie vorsichtig bewertet werden, daß die Wohnungsnot sehr erheblich ist. Sachkundige Schätzungen nehmen an, daß im gesamten deutschen Reiche gegenwärtig mehr als eine Million Wohnungen fehlen. Ein

---

[1] R. E. May, Die Wirtschaft in Vergangenheit, Gegenwart und Zukunft, 1901, S. 49.
[2] Vgl. Gerloff, Neuere Probleme der Steuerwirtschaft, in „Steuerwirtschaft und Steuerrecht", Berlin 1923.

gutes Bild der Lage geben auch die folgenden Stichproben. Der reine Zugang an Wohnungen auf 1000 der Bevölkerung betrug:

In	1913	1921	1922
Berlin	—	—	0,80
Hamburg	7,25	2,22	2,67
Leipzig	4,52	0,86	1,94
München	5,43	1,19	2,28
Dresden	4,23	1,61	1,22
Frankfurt a. M.	5,83	2,00	1,06

Ganze Schichten der deutschen Bevölkerung führen ein ausgesprochenes Hungerdasein, weil die Produktion von Konsumtionsgütern gesunken ist und die Löhne erheblich niedriger geworden sind. Die Kosten der Lebenshaltung aber sind in umgekehrtem Verhältnis gestiegen. Es betrugen 1923 die Reallöhne der Metallarbeiter 37,43 bis 71,24 v. H., der Buchdrucker 34,41 bis 69,21 v. H. und der Reichsbetriebsarbeiter 40,77 bis 70,86 v. H. der Vorkriegswochenlöhne. Hingegen wiesen die Kleinhandelspreise in Berlin im Dezember 1923 gegenüber Dezember 1913 eine Steigerung auf für Roggenbrot von 36,9 v. H., Kartoffeln 52 v. H., Butter 85,7 v. H., Milch 45,5 v. H., Zucker 80,0 v. H. usw.

Die Statistik über die Zahl der Schlachtungen und den Fleischverbrauch, über die Milchbelieferung der Städte und den Milchverbrauch, ja selbst über den Fett- und Brotverbrauch zeigt eine erschreckende Notlage. Nach der Statistik der Schlachtvieh- und Fleischbeschau betrug die zum Verzehr gelangende Fleischmenge im Jahre 1922 nur 61,9 v. H. des Verbrauchs von 1913. Die Zahl der Schlachtungen an Rindern, Kälbern, Schafen und Schweinen wies einen Rückgang von 30 bis 40 und mehr Prozent auf; hingegen haben die Pferde- und Hundeschlachtungen gegenüber der Vorkriegszeit ganz erheblich zugenommen.

Es waren im Deutschen Reiche zum Verbrauch für menschliche und tierische Ernährung und für gewerbliche Zwecke durchschnittlich jährlich auf den Kopf der Bevölkerung zur Verfügung:

	Roggen kg	Weizen kg	Gerste kg	Hafer kg	Kartoffeln kg
1913/14	153,1	95,8	108,0	128,3	700,2
1922/23	91,9	47,6	30,0	58,5	573,2

Die Folgen für die Volksgesundheit sind nicht ausgeblieben. Die Selbstmordziffer steigt seit 1918 steil an, und die Zahlen der typischen

Hungerkrankheiten, Skrofulose, Rachitis, Tuberkulose, zeigen nach Beobachtungen ärztlicher Kreise eine deutliche Zunahme. „Nach einer Statistik' des Reichsgesundheitsamtes starben in 46 deutschen Großstädten gegenüber dem Jahre 1921 im Jahre 1922 5 v. H. und 1923 13 v. H. mehr an Tuberkulose. Am nachhaltigsten und empfindlichsten wirken sich die Entbehrungen der Lebenshaltung bei den Kindern und Jugendlichen aus. Nach statistischen Feststellungen für das Jahr 1923 ergaben die Schuluntersuchungen in Berlin, daß 33,76 v. H. sämtlicher Kinder unterernährt waren. In einigen anderen Großstädten war das Ergebnis noch ungünstiger"[1].

Es können hier nicht die gesamten Materialien der Produktions- und Konsumtionsstatistik, der Kriminal- und Gesundheitsstatistik, noch ausführliche Schilderungen der Ernährungslage, der Wohnungsnot und des Altleuteelendes gegeben werden. Allein solche Darlegungen dürfen in der Antwort auf die Frage nach Deutschlands Steuerfähigkeit und Steuerbelastung nicht fehlen. Solche Ziffern, die das Bild der grausamen Wirklichkeit nackt und nüchtern zeigen, sagen, wie es mit der Steuerkraft des deutschen Volkes steht; sie enthüllen aber auch erst recht, was seine tatsächlichen Steuerleistungen bedeuten.

Deutschland braucht, um jene Steuerlasten zu ertragen, aus denen Reparationszahlungen bewirkt werden können, große Ausfuhrüberschüsse. Tatsächlich war sein Handelssaldo in den letzten Jahren mit zwei bis drei Milliarden Goldmark passiv[2]. Um dieses Passivum zu beseitigen und darüber einen Ausfuhrüberschuß zu erzielen (ich zitiere wiederum das Gutachten des mit Mitteln der Carnegie-Stiftung erhaltenen Institut of Economics), „bedürfte es einer Auffüllung der geleerten Rohstofflager und einer wesentlichen Verbesserung der Ernährungslage, welche heute völlig unzureichend ist, um die Leistungsfähigkeit der deutschen Bevölkerung zu erhalten." Diesen Worten ist nichts hinzuzufügen.

Deutschland hat nach dem Kriege nicht nur von der Substanz seines Volksvermögens, sondern auch von der Substanz seiner Volkskraft gelebt. Untergrabung der Volksgesundheit und der Leistungsfähigkeit

---

[1] H. Luther, a. a. O., S. 28.
[2] Die Währungswirren haben genaue Ermittelungen unmöglich gemacht; vgl. Däbritz, Die deutsche Handelsbilanz, Wirtschaftliche Nachrichten aus dem Ruhrgebiet, 1924, S. 61. — Das Passivum der Zahlungsbilanz ist — aus bekannten Gründen — natürlich erheblich höher.

der deutschen Wirtschaft waren die unausbleiblichen Folgen. Der außenpolitische Druck, wie er zuletzt in der Ruhrbesetzung seine verhängnisvollste Äußerung fand, tat ein letztes, die deutsche Wirtschaft zu zerstören.

„Die höchsten juristischen Autoritäten in Großbritannien", so hat der britische Staatssekretär des Äußeren Marqueß Curzon erklärt, „haben S. M. Regierung davon unterrichtet, daß die Einwendungen der deutschen Regierung wohl begründet sind, und S. M. Regierung hat niemals ihre Ansicht verhehlt, daß die französisch-belgische Aktion der Ruhrbesetzung, ganz abgesehen von der Frage der Zweckmäßigkeit, keine durch den Vertrag selbst gerechtfertigte Sanktion war."[1] Hier jedoch handelt es sich um die Frage der Zweckmäßigkeit der sogenannten Pfänderpolitik für Deutschlands Steuerleistungen. Kein Unbefangener wird leugnen können, daß nach der durch den Ruhreinbruch veranlaßten Abschnürung eines lebenswichtigen Organs des deutschen Wirtschaftskörpers die steuerliche Leistungsfähigkeit Deutschlands auf das erheblichste erschüttert worden ist. In Artikel 270 des Friedensvertrages behalten sich die alliierten und assoziierten Mächte das Recht vor, auf das von ihren Truppen besetzte deutsche Gebiet ein besonderes Zollregime für Einfuhr und Ausfuhr anzuwenden für den Fall, daß nach ihrer Meinung eine solche Maßnahme notwendig sei, um die wirtschaftlichen Interessen der Bevölkerung dieser Gebiete zu wahren. Eine solche Zollordnung ist erstmalig 1921 bei jenem Konflikt, der zu dem Londoner Ultimatum führte, errichtet worden; jedoch keineswegs unter der Voraussetzung des Artikels 270, „um die wirtschaftlichen Interessen der Bevölkerung zu wahren", sondern gegen den Willen der Bevölkerung und obschon deren wirtschaftliche Interessen dadurch schwer benachteiligt wurden.

Seit dem Ruhreinbruch ist die wirtschaftliche und zollpolitische Absperrung erneut verhängt und in einer für das besetzte und unbesetzte Gebiet gleich drückenden Weise verschärft worden. Dazu kamen dann die zahlreichen anderweitigen Eingriffe in Verwaltung und Wirtschaftsleben, insbesondere auch in die Finanzverwaltung der besetzten Gebiete. Es sei erinnert an die Stillegung der Eisenbahn, die Unterbrechung des Telephon- und Telegraphenverkehrs, die Besetzung der Bergwerke und

---

[1] Vgl. oben S. 31. Note an den französischen und belgischen Botschafter, Punkt 32.

Fabriken, die Beschlagnahmen, Requisitionen, Verhaftungen, Verurteilungen, Ausweisungen usw. Die deutsche Zollverwaltung wurde beseitigt und die Tätigkeit der deutschen Finanzämter aufs äußerste erschwert oder gar unmöglich gemacht. Neben den Zöllen sind wichtige indirekte Steuern beschlagnahmt worden. Die Erhebung direkter Steuern wird verhindert und die Einführung neuer Steuergesetze untersagt. Was hier unter dem Vorwand, „Reparationen zu holen," zerstört wurde, ist kaum abzuschätzen. Es war eine Politik, die an ein orientalisches Sprichwort erinnert: „Wenn der Sultan den Apfel will, haut der Pascha den Baum ab."

Das an die französische Regierung gerichtete deutsche Memorandum vom 24. Dezember 1923 verlangt deshalb ganz richtig:

„Es wäre nicht nur erforderlich, die Behörden und Beamten wieder einzusetzen, sondern auch ihnen den Schutz zuzubilligen, dessen sie bedürfen, um ihre Pflicht zu erfüllen. Eine von diesen ist die Erhebung von Steuern, die nach den deutschen Gesetzen in Gold erhoben werden, und zwar sowohl alte wie neue Steuern. Aber bisher durften diese deutschen Gesetze nicht in Kraft gesetzt werden, und so sind weder das Reich noch die Staaten noch die Gemeinden imstande gewesen, die Steuern zu erheben, die dringend erforderlich sind infolge des Anstiegs der Arbeitslosigkeit und des Hungers. Es liegt im Interesse aller, daß so schnell wie möglich Steuerämter eingerichtet werden. Um diesen Ämtern ein wirksames Funktionieren zu gestatten, ist es unbedingt nötig, daß diejenigen Beamten, die die besetzten Gebiete verlassen haben, wieder in ihr Amt eingesetzt werden."

Um Deutschlands Steuer- und Reparationsfähigkeit zu entfalten, bedarf es daneben freilich noch mancher anderer Maßnahmen, die hier nur angedeutet werden können: **Deutschland muß von allen jenen Bindungen und Belastungen befreit werden, die seine finanzielle Leistungsfähigkeit beeinträchtigen.**

Insbesondere ist zu fordern:

Beseitigung der unproduktiven Ausgaben für Kommissionen aller Art, Besatzungen u. dgl.;

Wiederherstellung der Wirtschafts- und Verwaltungseinheit für das Gesamtgebiet Deutschlands;

Gewährung wirtschaftlicher Verfügungsfreiheit nach innen und außen, insbesondere über Zölle, Eisenbahnen und Wasserstraßen;

Anerkennung und Einräumung der wirtschaftlichen Gleichberechtigung im internationalen Handel und Verkehr.

Das sind die Voraussetzungen, deren Erfüllung unerläßlich ist, falls Deutschland wieder steuerfähig werden soll. Auch der Dawes=Bericht geht davon aus, daß wenigstens „die steuerliche und wirtschaftliche Einheit des Reiches" wiederhergestellt werden muß, wenn dem von den Sachverständigen vorgeschlagenen „Mittel, den Staatshaushalt Deutschlands ins Gleichgewicht zu bringen und seine Währung zu stabilisieren", Erfolg beschieden sein soll. Wenn sich die Gutachter weitergehender Schlußfolgerungen und Forderungen enthalten, so offenbar deshalb, weil sie, wie in der Einleitung des Berichts gesagt wird, erkannt haben, „daß politische Rücksichten notwendig gewisse Grenzen ziehen". Wer aber mehr will, muß auch mehr fordern. Die bisherige Reparationspolitik war unfruchtbar. Sie erinnert in ihrer Fruchtlosigkeit an ein Wort von Kant: „Sie melken den Bock und halten ein Sieb darunter." Der Philosoph hat dieses Wort freilich in einem ganz anderen Zusammenhang gebraucht, aber es paßt auch hierher und gibt ein treffendes Bild des bisherigen Zustandes. Nur wenn die Welt den Mut findet, dem deutschen Volk und der deutschen Wirtschaft ihre Freiheit wiederzugeben, kann dieser Zustand enden, der den Frieden der Welt bedroht, und der für Reparationsgläubiger und Reparationsschuldner gleich verhängnisvoll ist.

Zum Schlusse sei endlich kurz noch auf einen Punkt hingewiesen, der meines Wissens nie berührt worden ist, wenn man die steuerliche Belastung Deutschlands mit derjenigen anderer Staaten verglichen hat. Es handelt sich um die Frage der Verwendung des öffentlichen Einkommens, d. h. also vor allem des Steuereinkommens der öffentlichen Körperschaften. Denn offenbar wird je nach dem Verwendungszweck, dem diese Einnahmen dienen, die Steuerkraft, die Möglichkeit zu steuerlichen Leistungen der Bevölkerung sehr stark beeinflußt. Dem ist hier nicht im einzelnen nachzugehen, sondern hier genügt es, darauf hinzuweisen, daß die Behauptung, jede Steuer sei reproduktiv, eine Behauptung, womit schon die alten Kameralisten dem Volke um Fürstengunst Steuerschröpfungen schmackhaft zu machen versuchten, keineswegs zutrifft. Es kommt auf die Verwendung der Steuergelder an, die zwischen sinnloser Vergeudung eines frivolen Luxus und höchst produktiven Anlagen sich bewegen kann. Je nach dem verschiedenen Verwendungszweck, dem die Steuereingänge zugeführt werden, werden auch Ertragsfähigkeit und Ergiebigkeit der Steuerwirtschaft oder die Leistungsfähigkeit der Steuersubjekte verschieden beeinflußt. Retablierungssteuern und Reparationssteuern möchte ich die beiden Gegenpole heißen. Die ersteren, die Retablierungssteuern, deren Ertrag der Wiederherstellung, dem Wiederaufbau der Volkswirtschaft dient, beleben und entfalten die Steuerkraft. Reparationssteuern aber bedeuten Auszehrung der Steuerkraft, denn ihre Erträge sind gleich ebenso großen Güterentziehungen und Einbußen an Volksvermögen.

Alle Besteuerung hat ihre ökonomischen und psychologischen Grenzen. Die Grenzen der Besteuerung sind gegeben durch das Volkseinkommen und seine Verteilung, durch die Lebenshaltungskosten und das soziale Existenzminimum der Bevölkerung, durch die Verwendung der Steuergelder und die Einsicht der Besteuerten in die Notwendigkeit und Gerechtigkeit der Erhebung der verschiedenen Steuern und der Verwendung der Steuererträge. Überschreiten die Steuern ein gewisses Maß, so setzt sich die Privatwirtschaft zur Wehr. Steuerausweichung findet statt, d. h. die Privatwirtschaft sucht die steuerpflichtigen Tatbestände entweder zu vermeiden oder die Verwaltung darüber zu täuschen. Gewisse steuerwirtschaftliche Ertragsgesetze treten in Erscheinung, die ich genannt habe: das Gesetz der Verringerung der Steuerfälle, das Gesetz der zunehmenden Defraudationsquote und das Gesetz der steigenden Steuerkosten [1]. Eine Überspannung des deutschen Steuersystems liegt darum auch keineswegs im Interesse der Wiedergutmachung. Sehr gut hat Sir Josiah Stamp, eine gleich angesehene Autorität der Steuerpraxis wie der Steuertheorie, bemerkt: „In the totally different problem of what Germany can afford to pay, we think mainly of her standard of production as fixed, and how low we can fix the subsistence level to give a maximum fund on which to draw. But she has her psychological limit too, and only actual slavery and individual taskmasters can get production from her people if no part of the increased production can revert to the producers, and if they can never rise over subsistence levels for many years" [2].

Verlangt Artikel 233 des Friedensvertrages, daß der deutsche Steuerzahler belastet werde, tout à fait aussi lourd oder fully as heavy, so kann dieser wohl darauf hinweisen, daß Steuern, die als Tribute abgeführt

---

[1] W. Gerloff, Steuerwirtschaft und Sozialismus, 1922.
[2] J. Stamp, Wealth and taxable capacity, London 1922, p. 118.

werden, nicht nur psychologisch, sondern auch ökonomisch schwerer lasten als andere. Was für Folgerungen und Forderungen sich daraus ergeben, dem ist hier nicht nachzugehen. Es genügt, auf die einsichtige Bemerkung Stamps hinzuweisen oder noch besser auf ein kluges Wort Montesquieus aus dem „Geist der Gesetze":

„Zur Bestimmung keiner Sache wird mehr eigentlicher Weisheit und Klugheit erfordert, als zur Bestimmung desjenigen Teils, welchen man den Untertanen nimmt, und des Teils, welchen man ihnen läßt."

Und weiter heißt es im „Esprit des Lois": „Die Natur ist gerecht gegen die Menschen, sie belohnt sie für ihre Mühe; sie macht sie arbeitsam, weil sie mit größerer Arbeit größere Belohnungen verknüpft. Wenn aber eine willkürliche Gewalt die Belohnungen der Natur einem entzieht, so fällt man in den Widerwillen gegen das Arbeiten zurück, und die Untätigkeit scheint einem das einzige Gut zu sein."[1]

Literatur.

Annuaire International de Statistique, Haag 1921.

C. Ballod, Der Streit um die finanzielle Belastung des deutschen Volkes, Jahrb. f. Nationalökonomie und Statistik, III. Folge, 36. Band (1908), S. 811.

W. Gerloff, Verbrauch und Verbrauchsbelastung kleinerer und mittlerer Einkommen in Deutschland um die Wende des 19. Jahrhunderts. Jahrb. f. Nat. u. Stat., III. Folge, Band 35 (1908), S. 1.

W. Gerloff, Die steuerliche Belastung in Deutschland während der letzten Friedensjahre. Gutachten. Berlin 1916.

W. Gerloff, Neuere Probleme der Steuerwirtschaft, Mitteilungen der Gesellschaft für wirtschaftliche Ausbildung. Frankfurt a. M., 1. Sonderband, 3. Heft: Steuerwirtschaft und Steuerrecht, 1923.

H. Higg, Steuerverteilung und Steuerbelastung in der Schweiz. Zeitschr. f. Schweiz. Statistik, 1922, S. 175.

W. Holz, Vergleichbarkeit steuerlicher Belastungen. Diss. Leipzig 1922. Auszugsweise im Deutschen statistischen Zentralblatt, 1922, S. 114.

W. Lotz, Valutafrage und öffentliche Finanzen in Deutschland. München 1923, Schr. des Ver. f. Sozialpolitik, Bd. 164.

W. Lotz, Die Brüsseler internationale Finanzkonferenz von 1920. Schmollers Jahrb., 44. Jahrg. (1920), S. 1197 und 45. Jahrg., S. 165.

Memoranda chiefly relating to the Classification and Incidence of Imperial and Local Taxes, Bluebook C. 9528, 1899.

E. W. Milliet, Steuerverteilung und Steuerbelastung in der Schweiz vor Ausbruch des Weltkrieges. Zeitschr. f. Schweiz. Statistik, 1919, S. 21.

H. Obrecht, Das Anwachsen der Steuerlast. Solothurn 1921.

---

[1] 13. Buch, Art. 1, Absatz 4, und Art. 2, Absatz 4.

J. Plenge, Zur internationalen Finanzstatistik. Jahrb. f. Nat. u. Stat., III. Folge, 37. Bd., 1909, S. 233.
J. Plenge, Die Finanzen der Großmächte. Zeitschr. f. die ges. Staatsw., 1908, S. 713.
E. Rosenbaum, Steuerdruck und Wiedergutmachung, Wirtschaftsdienst 1921, S. 165 und 191.
O. Schwarz, Die Steuerlast Deutschlands und der Entente, 1922.
J. Stamp, Wealth and taxable capacity, London 1922.
C. v. Tyszka, Die steuerliche Belastung in Deutschland vor und nach dem Kriege. Jahrb. f. Nat. u. Stat., III. Folge, 62. Bd., 1921, S. 337.
E. Wiskemann, Zur Statistik des Steuerdrucks in den verschiedenen Ländern. Deutsches Statistisches Zentralblatt, 1922, S. 79.
Ad. Wagner, Gutachten. Zur Kritik der Berechnungen über die finanziellen, namentlich die Steuerbelastungen der Bevölkerungen sowie über die Vergleichungen zwischen den bezüglichen Daten in den verschiedenen Staaten. Denkschrift zur Begründung eines Gesetzes betr. Änderungen im Finanzwesen des Reiches, III, S. 114.
Fr. Zizek, Finanzstatistik im „Grundriß der Statistik", 2. Aufl., 1923, S. 523.
Wirtschaftskurve 1923.

Printed by Libri Plureos GmbH
in Hamburg, Germany